教育家書院 丛书 · 研究系列

顾明远／主编

种子课

一个数学特级教师的思与行

俞正强◎著

教育科学出版社
·北 京·

出 版 人　所广一
策划编辑　刘　灿
项目统筹　何　薇　郑　莉
责任编辑　郑　莉
版式设计　宗沉雅轩　孙欢欢
责任校对　贾静芳
责任印制　叶小峰

图书在版编目（CIP）数据

种子课：一个数学特级教师的思与行/俞正强著. —
北京：教育科学出版社，2013.5 (2023.9重印)
（教育家书院丛书. 研究系列）
ISBN 978-7-5041-7515-1

Ⅰ. ①种…　Ⅱ. ①俞…　Ⅲ. ①小学数学课—教学研究
Ⅳ. ①G623

中国版本图书馆CIP数据核字（2013）第094199号

教育家书院丛书·研究系列

种子课　一个数学特级教师的思与行
ZHONGZI KE　YI GE SHUXUE TEJI JIAOSHI DE SI YU XING

出版发行	**教育科学出版社**				
社　　址	北京·朝阳区安慧北里安园甲9号		市场部电话	010-64989009	
邮　　编	100101		编辑部电话	010-64981357	
传　　真	010-64891796		网　　址	http://www.esph.com.cn	
经　　销	各地新华书店				
制　　作	北京金奥都图文制作中心				
印　　刷	保定市中画美凯印刷有限公司				
开　　本	720毫米×1020毫米 1/16		版　　次	2013年5月第1版	
印　　张	15.25		印　　次	2023年9月第21次印刷	
字　　数	212千		定　　价	49.40元	

谨以此书献给所有以上课为乐，
并愿将每一节课作为礼物呈现给孩子的老师们！

为教育家的成长搭台

教育家书院成立的宗旨，就是想为那些热爱教育事业，长期从事教育工作，做出了优异的成绩，有自己的教育思想和先进理念，希望进一步对教育有所研究，并且形成自己的教育风格的优秀教师、校长成长为教育家，搭建一个平台。

教育家不是随着教龄的增长而自然成长的，学习和提升是教育家成长的必由之路。只有不断学习钻研，不断反思自己的教育行为，总结提高，上升为理性认识，才能有成熟的经验和理论，才能有自己的教育风格。优秀教师要提高，不能只围绕着中小学的教材转，也不能只是学习教育理论，更重要的是要提高整体素养，养成教育家的气质。教育既是科学，又是艺术，艺术需要有点悟性，教育也需要有点悟性。悟性从哪里来？就是从整体素养中来。

掌握教育规律是一名教育家成长的必由之路。教育家书院就是要帮助一批优秀校长和教师在繁忙的教育教学工作之余，能够静下心来，读一点书，听一些各领域专家的讲演，考察一些国内外的学校，以扩大他们的视野，提升业务水平。通过考察、讨论、研究使他们对教育现象的感性认识上升到知性认识，再提高到理性认识。仅有教育经验不能成为教育家，只是一名教书匠。教育家必须有对教育规律的理性认识，并在教育实践中不断实践，不断提升，悟出教育的真谛。

在教育家书院这个学习园地里，兼职研究员不是单向地学习，而是互相学习，互相切磋，共同提高。在北京师范大学（以下简称"北师大"），每年有几千名新教师要走出校门奔向全国各地的中小学校，还有几百名在职攻读教育硕士学位的教师。他们不仅需要学习教育理论，提升学科知识水平，而且要理论联系实际、学与思结合、知与行结合。教育家书院的兼职研究员也给北师大进行教育学习和研究的师生带来了鲜活的经验，有利于改造他们的学习。

为了给兼职研究员创造更多学习、交流和提升的机会，教育家书院的主要活动包括以下几方面——

一是高端学术讲座和研讨。邀请来自教育学、心理学、哲学、经济学、社会学、文学、历史学、自然科学等各个领域的专家为兼职研究员开设讲座或与他们进行座谈。

二是名师名校长讲席。请兼职研究员向北师大的师生介绍他们的教育思想、办学理念和教育教学经验。

三是学校诊断与改进系列活动。组织专家对兼职研究员所在学校及地区的教育教学情况进行全面的考察和诊断，形成诊断和改进报告反馈给学校。在此基础上，收集大量不同地区、不同类型、不同年段的学校诊断案例，形成学校改进的理论模型。

四是国际教育考察。组织兼职研究员到有教育特色的国家进行实地考察，通过观摩课堂教学、与师生及教育行政机构的人员进行座谈等活动，体会不同的文化和教育理念。

五是兼职研究员和北师大的合作教授共同进行课题研究。这些研究立足于研究员本人、本校的教育实践，既能提升其理论素养，又有助于解决实际问题。

通过这些丰富的活动，不仅兼职研究员有了许多收获，觉得教育观念有了变化、教育思想有了提升，而且教育家书院也积累了大量的、丰富的教育资源。为了使这些教育资源不至于流失，教育家书院决定编辑出版《教育家书院丛书》。丛书包括以下几个系列。

聆听系列：收集各领域的专家在书院所作的报告；

研究系列：收集兼职研究员在书院开展课题研究的成果；

游学系列：收集兼职研究员进行国际考察的报告、感想、体会等；

讲习系列：收集整理兼职研究员在书院"名师名校长讲席"中所作的讲演；

对话系列：收集整理兼职研究员与书院讲座教授对话实录；

行动系列：收集兼职研究员在进行"学校诊断与改进"考察活动后的考察报告和实践收获；

成长系列：收集兼职研究员个人成长历史资料等。

教育家书院成立两年来，兼职研究员通过各种活动，有了许多收获，不能说都已经成为教育家，至少向教育家迈出了一步。因此，两年的时间虽短，内容却很丰富，有必要把这些资源收集整理，长期积累起来，它们就会变成教育研究极为宝贵的财富。在教育家书院的首批研究成果即将出版之际，写以上几句，是为序。

2012 年 3 月 4 日于北京求是书屋

— 目 录 —

下编　种子课，为了每一个人的生长
一、感悟学生发展

二、反思教师成长

后记（代）　数学教师的教育情怀

教数学将近三十年了，一直在思考两个问题：

① 如何让学生喜欢数学？

② 如何有效地破解学生的数学学习困难？

一开始，对这两个问题是分开思考的，它们好像各自独立；随着时间的推移，思考渐渐深入，发现这两个问题越来越趋近；现在，基本上认为是同一个问题了。如果喜欢数学，那学习困难是暂时的；如果不喜欢数学，则学习困难是持久的，积重难返。

围绕以上两个问题，作了许多实践与思考，陆续发表于国内各专业杂志。尽管各篇文章研究点各有差异，却都指向于学生的数学学习，内在脉络实为通达。由是串珠成链，集成一书。

书成当有书名，再三思考之下，愿以"种子课"名之，并以"一个数学特级教师的思与行"为副标题。

习惯上，我们把课按知识属性分为概念课、计算课等；按教学要求分为新授课、练习课、复习课等。而我则自主把课分为"种子课"和"生长课"。

对课的这种分法，思想源于柳宗元的《种树郭橐驼传》——他用"其莳也若子，其置也若弃"来描述对"树"的态度。我想：如果将某一知识系统作为一棵树，这棵树的生长过程表现为若干节"课"，那么，一定有一些课需要"莳也若子"，充分理透脉络；一定有一些课可以"置也若弃"，让学生充分自主。

"莳也若子"的课，通常处于起点或节点，谓之"种子课"。

"置也若弃"的课，通常处于点与点之间，谓之"生长课"。

曾经参与过关于学生自主学习的课题研究，有提倡让小学生阅读数学书的，心里总是疑惑：在学生还未学会学习之前，如何自主学习呢？小学生什么时候可以开始阅读书本并能读懂？现在，对这个问题便基本明了了：小学生的自主学习，阅读书本可以从简单的"生长课"开始。

对种子课的研究刚刚开始，有如下认识。

① 对小学生而言，许多数学知识蕴藏于生活经验之中。如果知识是一棵树，那么，学生于生活中获得的经验便是树赖以生长的土壤了。数学知识植根于土壤之中，才能避免对它的死记硬背。

② 教学设计是十分重要的，因为好雨知时节，不陵节而施，就要看依怎样的"序"，辨怎样的"材"，等等。"材"须合理地包含课堂所需的知识点、技能点、体会点；"序"则解决"材"以此展开的时间过程。若后一环节蕴含于前一环节之中，前一环节必然会走到后一环节，生长的力量便得以实现，如同次第花开。

③ 对种子课的认识是教师专业发展的结果，如果将教师的专业发展视为一个生命体，那么，这个生命体如同世上所有生命一样，是可以描述为若干个显性阶段的。当教师的专业发展至一定时候，便能了然知识与认知间的节点，从而了然课与课之间的差别。

④ 广而言之，我们的学生本身便是一颗来自天地的种子，不论是否愿意，都会生长。既然是种子，那么，就不是白纸任涂鸦了。他是带着能量，带着春夏秋冬的记忆，带着生长收藏的使命而来，需要我们去体会、去感悟、去尊重、去唤醒。

以上认识，便成了这本书的主要内容，虽然零散，却也有内在的气贯通着。

本书各文章之间，有几个例子重复出现了若干次，主要集中在《用字母表示数》和《厘米的认识》两节课，集结成书时就保持了原来的样子。因为，这也正好说明了一个例子的不同解读。

书，还是十分粗糙；研究，还是十分初步。希望起一个抛砖引玉的作用，大家一起来研究，让孩子们学得更有质量，让老师们教得更省力，让教学过程更生动！

成书过程中，得到了北京师范大学顾明远先生、郭华教授、李芒教授的鼓励与帮助，许多篇文章得到过《人民教育》《中国教育报》和《小学数学教师》的编辑老师的指导，许多的想法和做法得到过我的老师、同事、学生的帮助，如此种种，温暖于心。

谨此，感谢北京师范大学教育家书院的学习。感谢教育科学出版社的刘灿老师。

上编

种子课，生长的课堂

如果将某一知识系统作为一棵树，这棵树的生长过程表现为若干节"课"，那么，一定有一些课需要"莳也若子"，充分理透脉络；一定有一些课可以"置也若弃"，让学生充分自主。

"莳也若子"的课，通常处于起点或节点，谓之"种子课"。

"置也若弃"的课，通常处于点与点之间，谓之"生长课"。

一、什么是种子课

❋ 导 语 ❋

在叙述种子课时，没有对种子课下定义，也没有根据定义来演绎，而是采用了举例的方法：

1. 像这样的课，就是所认为的种子课。

2. 就单节课而言，这样上，就是所认为的种子课。

3. 就某一单元而言，这几节课应该是种子课的选项，而无论新授和复习。

4. 就某一知识领域而言，每一节课的种子特质应该如何呈现，才能最后成就孩子们学习的乐趣。

在这些例子呈现后，相信阅读的老师，基于自己的教学经验，也会生发出更多的例子。这些例子，汇成我们的教学乐趣和学生课堂的生命活力。

数学课，我们教对了吗

——以《用字母表示数》为例

一、学生的一种错误与教材的一份素材

小学生在学习列方程解应用题（问题解决）时，会出现不知道设谁为 x 的现象，比如：

2 小时行车 42 千米，问每小时行几千米？

学生有时候会把 2 小时设为 x，或把 42 千米设为 x。这种错误很容易改正，因为老师通常会强调：求什么就设什么为 x。这样说了之后，学生通常就不会错了。

但到需要先设中间问题为 x 的时候，学生就又迷糊了。

我们看教材中的一份素材：

2，4，6，8，n，12

$n =$ _____

在这份素材中，n 所表示的数对学生而言是明确的。因为前面有规律，n 显示为 10，那这份素材是否有这样一种暗示：已知的数可以用字母来表示？

这种在新授中的暗示是否成了部分学生发生设 x 困难的原因？

二、"用字母表示数"的数学意义是什么

学生为什么要学习用字母表示数？在学习"用字母表示数"这一

内容前，学生是用什么来表示数的？

对这两个问题的思考是十分有必要的，它其实回答了学生的认知从哪里出发的问题。

显然，学生在学习"用字母表示数"之前，都是用数字表示数的；换言之，学生对"用字母表示数"的学习其实是一个从"用数字表示数"到"用字母表示数"的发展过程。那么，这个发展过程的核心是什么呢？

它的核心在于在这个认识链的节点上，"数"发生了变化。从前的数都是确定的，所以用数字表示；这个认识节点上的数是不确定的，无法表示为唯一的数字，于是选择用字母表示。具体是数字几，有待明确。

可能会有部分老师对"用数字表示数"感到疑惑，因为我们在小学数学教材中从没有出现过这样的内容。事实上，从 20 以内数的认识，到百、千数的认识，再到较大数的认识，都是在学习"用数字表示数"。什么是用数字表示数呢？

举例说，5 是一个数，5 又是一个数字，5 既是一个数又是一个数字。那么，数和数字有何不同呢？我们画一个表格：

数	数字
4 的直接后继	5
	五
	V
	five

从上表中，我们可以体会，同一个数 5，不同的人选用不同的符号来表示，以此可以说明数字是用来表示数的——当然，现在所举例的都是十进制的，若改用二进制、三进制等，则会有更多不同的数字来表示。学生在这个认识节点之前，所经历的数都是明确的，因此，当然选择用数字。而这种"理所当然"成为他们"用字母表示数"时对

数的不确定表示惊讶的心理因素。

三、《用字母表示数》的教学重点在哪里

因为这个认识节点是帮助学生从"用数字表示数"的基础出发，达到"用字母表示数"的目标，所以《用字母表示数》这节课的重点在于让学生体会"数"的变化，即"数"从一种确定状态变成了一种不确定状态。又因为"数"变化了，所以表示方法也跟着发生了变化，即从用数字表示进展为用字母表示。那么，如何让学生体会"数"的变化呢？

我把这个体会过程展现为下列顺序。

活动材料：袋子，粉笔。

活动流程：

操作

① 往袋子里装 1 支粉笔，问学生用数字几表示。（学生答 1。）

② 又往袋子里装 3 支粉笔，问学生用数字几表示。（学生答 4。）

③（藏到讲台下面）往袋子里装几支粉笔，问学生用数字几表示。（这时候，学生有的答不知道，有的答 6 支、15 支、30 支等。）

讨论

① 为什么突然之间大家有了这么多答案？

（因为前面是被看着放进去的，是明确的，是已知的。后面是在桌子下面放进去的，没能看见，是不明确的，是未知的。）

② 学生们尽管有了这么多答案，却没有出现 0、100 等数字，为什么？（袋子里的粉笔数一定大于 4，因为原来就有 4 根了。袋子里的粉笔数一定小于 30，因为不可能放那么多。）

结论

教师点明：碰到我们无法用确定的数来表示的时候，就用字母来表示。

在以上过程中，如果想要学生的体会深刻，讨论是让学生深刻体会的有效方法。

四、《用字母表示数》的难点在哪里

重点和难点有什么不同？

重点一定是课时的认识之本，它有时候是课时的难点，有时候不是。本课时中，重点是"数"的变化，难点是体会"字母式"与"字母"在表示"数"上的优、缺点，因为学生对"关系"的理解是比较困难的。

那么，这节课的难点如何突破呢？

材料一：

红包内装粉笔数   黄包内装粉笔数

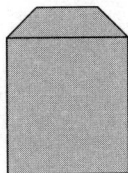

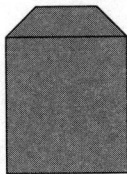

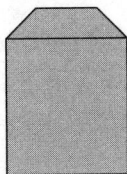

a b

结论

两个包分别用 a 和 b 表示。

材料二（加上一句关系句）：

红包内装粉笔数   黄包内装粉笔数

黄包内比红包内多 2 支

a b
                                    $a+2$

讨论

b 与 $a+2$，谁更合适？

为什么材料一的黄包一定用 b 来表示？

为什么材料二的黄包可以用 $a+2$ 来表示？

结论

虽然 b 与 $a+2$ 都表示大小，但 $a+2$ 把两个包之间的关系表示出来了。

五、教材的缺陷在哪里

翻开小学数学教学目前使用着的各种版本，心里颇为迷惑。我们暂不管是哪个版本，选择其中使用的素材作一简单的分析。

教材材料一：

妈妈比淘气大 27 岁

淘气	1	2	3	n
妈妈	28	29	30	$n+27$

材料分析

不管过了多少年，淘气的年龄对淘气而言始终是确定的，这一判断的基础是学生对自己年龄的判断。所以，这份材料没有呈现数由确定向不确定发展的过程，从而使学生失去了对未知数的体验。

其次，在这份材料中，n 与 $n+27$ 是同时呈现的，所以，学生无法充分体会字母与字母式的不同。

材料评价

因为无法体验，所以知识学习成为记忆与背诵的东西，数学学习会因此而累。

教材材料二：

下面每行图中的数都是按规律排列的：

材料分析

这份材料事实上是按规律填空，学生关于字母的认知可以描述为：

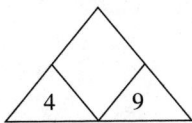

按规律，空格中的数为 $4 \times 9 = 36$，这个数是确定的，即空格为36。

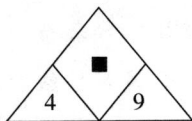

原来有数36，这个数现被方格遮住了，遮住的数为36，即■ $= 36$。

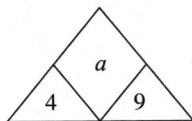

原来是方格遮住了数36，现在数36又被一个字母遮住了，所以 $a = 36$。

结论：字母相当于方格，相当于表示一个空格，空格内的数是确定的。

材料评价

将用字母表示数的数字内涵抛弃得干干净净，只剩下一种似是而非的形式。

教材材料三：

△　　△　　△　　△

摆1个三角形用了3根小棒

摆2个三角形用小棒的根数是：2×3

摆3个三角形用小棒的根数是：（　　　）$\times 3$

摆4个三角形用小棒的根数是：（　　　）$\times 3$

……

摆 a 个三角形用小棒的根数是：（　　）$\times$（　　）

你知道这里的 a 可以表示哪些数吗？

材料分析

这份材料更加有趣，学生需要学习用字母表示数，而它直接问 a 个三角形用小棒的根数是（　　　）$\times$（　　　），跳过用字母表示数，直接用字母式表示数，而对于用字母表示数，则用"你知道这

里的 a 可以表示哪些数"来应付。这个 a 表示哪些数，老师自己想过了吗？

材料评价

在分析教材的素材时，想到了一个小故事：

曾经某地蕨菜出口某国，据说蕨菜收割后经阳光晒干，包装后运抵目的地，只要水一泡就会新鲜如初，生意十分兴旺。后来当地一些聪明人嫌用阳光晒要靠天且晒干时间长，改用火烘干蕨菜，然后包装后运抵某国。但却发现这样的蕨菜无论怎么用水泡都始终干瘪，无法新鲜。于是，蕨菜出口生意就这样没了。

所以，阳光是不能省略的。

数学学习也是如此，其乐趣不在于形式，而在于内涵。

六、在"用字母表示"与"用字母表示数"之间

有一块车牌上写着 浙A·1234 ，这个 A 是用字母表示数吗？显然不是。这个 A 特指杭州，是为了识别方便，是一种代指。

把 2 说成 a 可以吗？没有什么不可以的。但如果把"我有 2 只眼睛"说成"我有 a 只眼睛"，大家会听不懂。

在生活中"用字母表示"是一种方便，其落脚点在"表示"。在数学中，"用字母表示数"是一种对特定数状况的描述，其落脚点在"数"。

作为数学教师，要将生活中普遍存在的"用字母表示"的现象与数学学习中"用字母表示数"的语言方式相区别。其区别的根本之处，是让学生体会"数"在发生变化——从确定的已知到不确定的未知的变化。

这种体会是不可省略的。这种体会虽然不会呈现为学生考试分数的差别，但若被省略得太久，学生的学习便会缺乏生命的活力。

种子课，生长的力量

在小学数学课中，通常每个课时内容所占用的时间没有差别，这可能是一个值得讨论的问题。不同的知识内容，因其在认识链中所处的节点不同，其意义应该有所不同，所占用的时间自然也应有差别。下面围绕这一问题作个讨论。

一、两个教学片段：没有生长的重复

片段一：厘米的认识

《厘米的认识》因教材版本不同，安排的年级会有一些不同，但基本在一、二年级教学中。对导入环节，老师通常是这样设计的。

师：（放动画片）小松鼠的外婆过生日，小松鼠要送一根拐杖做礼物。它到熊大伯的店铺，说要打三掌长。一星期后，小松鼠来取拐杖，发现外婆不能用。小朋友，你们知道为什么吗？

生：因为小松鼠的一掌和熊大伯的一掌是不一样长的。

师：真聪明，这样是不是很不方便啊？所以我们要来学习一个统一长度单位。有了这个单位，小松鼠就再也不会有这样的事了。（板书：厘米的认识）

……

片段二：面积的认识

师：这两个图形谁的面积比较大呢？（出示下图）

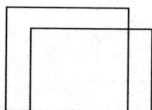

生：剪下来比，不断剪，不断比，直到比出来为止。

师：这样比，是否太麻烦？

生：是太麻烦。

师：有什么比较简单的方法吗？拿出老师准备的学具包，看看你有什么办法。

生：用小方格来比较。

师：用小方格来比较，这真是个好办法。现在请男同学闭上眼睛，女同学看，不准说。（出示下图）

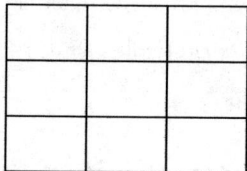

师：现在请女同学闭上眼睛，男同学看。（出示下图）

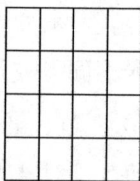

师：都睁开眼睛吧。女同学刚才看的是几个小方格？

生：9个。

师：男同学看的是几个小方格？

生：16个。

师：那么哪个大呢？

生：男生看的大。

师：是吗？（拿出刚才出示的两张图片）

生：（惊奇）女生看的大，9个的大！

师：有什么体会吗？

生：小方格大小不同，没法比较。

师：怎么办呢？

生：一定要小方格大小一样。

师：今天我们来学习面积单位：平方厘米。

思考：我们在重复什么？

在学习计量单位前，通常有这样一个环节作为导入，讲述学习计量单位的意义和必要性。显然，从以上两个片段中，我们可以看出老师就在做这个工作。学生不论是在二年级还是在四年级，都要不断重复关于计量单位意义和必要性的过程，而且就学生成长而言，可能还不止两次。因为在小学数学中，计量单位的学习内容是十分丰富的，基本贯穿了小学数学学习的始终：

长度单位：厘米、分米、米、千米

重量单位：克、千克、吨

时间单位：年、月、日、时、分、秒

温度单位：摄氏度

角的单位：度

面积单位：平方厘米、平方分米、平方米、平方千米

体积单位：立方厘米、立方分米、立方米、立方千米

容积单位：毫升、升

我们是不是对每一类计量单位的学习都要设计这样一个环节，重复这个过程呢？

二、种子课：用生长替代重复

学生学习数学，他对客观世界定性把握和定量刻画的能力都是我们需要培养的。具体来说，在小学数学计量单位的学习过程中，它的教学目标除了掌握众多的计量单位及其关系外，更重要的是让学生们发展出"定量刻画"的能力。

在课时与课时之间，知识是可以迁移的，比如学习了厘米的表象后再学习分米的表象就比较容易了，掌握了用厘米进行度量后再学习

用分米来度量就更简单了——因为彼此之间有类似的结构。而小学生的这种迁移能力正是我们教师所要培养的能力。

但是，有的能力，不是一个课时所能培养的，而是在许多课时中作为一个有机的系统发展起来的，比如定量刻画的能力。这种能力不是一节课就能培养的，而是有其生长和成熟的过程。这种能力在生长过程中可以不断完善，学生在该能力的不断体验中可以臻于成熟，从而实现教学培养的目标。

种子课就是可供迁移、可供生长的关键课。

以计量单位为例，在小学数学中，主要的计量单位一共有八类，这八类中，长度单位是小学生最早接触的，也是最基本的。因此，长度单位的学习在小学数学中应该具有种子特质。而在这个系列中，第一节课的《厘米的认识》无疑是最重要的，也就是本文意义的种子课。

1. 长度单位：知识的迁移与能力的生长

对长度单位的认识，教材通常会安排三个课时，即厘米的认识、分米的认识、米和毫米的认识。现将三个课时的教学要点作个简要梳理，以便于我们讨论。

长度单位三个课时的知识点分析

	厘米的认识	分米的认识	米和毫米的认识
数学知识点	① 知道厘米是个长度单位，用 cm 表示 ② 建立厘米的表象 ③ 用厘米作判断 ④ 用厘米作度量	① 知道分米是个长度单位，用 dm 表示 ② 建立分米的表象 ③ 用分米作判断 ④ 度量 ⑤ 知道 1dm = 10cm	① 知道米和毫米是长度单位，用 m 和 mm 表示 ② 建立米和毫米的表象 ③ 用米和毫米作判断 ④ 度量 ⑤ 知道 1m = 10dm = 100cm

	厘米的认识	分米的认识	米和毫米的认识
数学思考	计量单位是一种标准比较物； 问题：为什么要有单位？	标准比较物具有适宜性； 问题：既然有了厘米，为什么要学分米呢？	标准比较物具有多样性； 问题：往更大思考或往更小思考，分别有什么单位呢？

长度单位三个课时学习样式的分析

		厘米的认识	分米的认识	米和毫米的认识
数学知识	课时学习方式	识记	识记	识记
	整体学习	迁移性学习		
数学思考	课时学习方式	经验改造	操作体验	猜想验证
	整体学习	生长性学习		

  所有计量单位本身都是一种规定，数学规定的教学是不需要启发和研究的。比如，为什么叫厘米？为什么厘米是这么长？对这些问题进行探讨都没有意义。在小学数学教学中，老师要区别开什么材料是值得对学生进行启发的，什么材料是只需要识记的，这十分重要。而计量单位的双基学习，都以识记（或体验）为主。从三个课时的基本知识、基本技能来看，大致雷同。因此，前一课时的学习有利于后一课时的掌握，因为知识间可以迁移。但就数学思考而言，三个课时的主旨是不同的，前一课时是后一课时的基础，后一课时是前一课时的补充与延续，三个课时如同三块积木完整地拼凑出关于计量能力的雏形。

  在教学实践中，我们的老师们基本上能够完成数学知识的学习，而没有数学思考的学习。如果没有数学思考的学习，数学学习就比较单薄。这里也可以回答一个很通俗的问题，即为什么学生的数学学习越学越没有问题？原因就是老师们没有将数学思考这一方面做好。一个人在识记中是不会有问题的，无非是记对记错的问题，而在生长中是一定会有问题的，因为生长是由内而外的，哪个地方不透气，必然会疑惑，这样人就会有问题。

还有一个问题：学生为什么会对数学失去兴趣？原因也可以从这里得到启发。如果教师只在数学知识层面上这三节课，这三节课就属于雷同。如果将数学思考部分融合进来，那么三节课就在雷同中透出不一样来，学生就会有新鲜感——须知每节课给孩子一点新鲜，对他们的学习而言是十分人道的。

2. 厘米的认识：理解标准比较物

计量单位是一种标准比较物，那么，一、二年级的学生能理解标准比较物吗？

实践中，我设计了这样一份材料：

请一高一矮两同学来到讲台前面，请大家填空：××比××长（　　）。

学生会填：一点、一些、很多、半个头、一个拳头、5 米、10 厘米，等等。

从学生的成长经验来看，"长短"的概念形成是基于"比较"这一认识方式的，学生在生活中对长短比较的描述是先从一点、一些开始的，慢慢地发展到用半个头、一个拳头等事物来描述。事实上，当学生会用半个头来描述时，对"比较物"这一概念的理解就开始萌芽了。虽然学生不会描述概念层面的"比较物"，却已将"比较物"这一概念的内涵臻于丰富了。

对于一、二年级的学生而言，说出 5 米、10 厘米等是基于生活中的零星学习或道听途说，运用起来没有像"半个头"这样娴熟。

分析到这里，教师的教学就可以进行了。

片段一：什么是比较物

板书：××比××长（一点）

（一些）

（很多）

（半个头）

（一个拳头）

（5米）

（10厘米）

师：同学们，大家有了这么多不同的答案，真的很棒。这些不同的回答中，你喜欢哪个答案？

生：半个头。

生：一个拳头。

师：你喜欢半个头，理由呢？

生：半个头有东西，"一点"到底是多少，看不见。

生：拳头也看得见。

师：是，那米是什么？厘米是什么？米看得见吗？厘米看得见吗？哪里能找到米和厘米呢？

……

从以上教学实录来看，学生是理解"比较物"的。"比较物"就是一个"东西"而已，头、拳头都是一个东西，可看、可对比。因此，在学生的经验中有比较物这个概念，只是他们以自己的方式理解着而已。教学就此打住，点到就好，没必要让学生说这是比较物的。

片段二：标准是什么

师：我们都知道了厘米，而且尺子是能找到厘米的地方，老师想问一下，你尺子上的1厘米和你同桌尺子上的1厘米一样长吗？

生：不一样长。

师：为什么？

生：我的尺子这么长（6厘米），他的尺子那么长（11厘米），所以1厘米也不一样长。

师：好，我们来验证一下好吗？（学生把两把尺子叠对起来观察）

生：一样长。尺子可以不一样长，但1厘米一样长。

师：（拿出米尺）大家尺上的 1 厘米跟老师尺上的 1 厘米一样长吗？

生：不一样。我们 1 厘米这样长（用手比画），你尺上的 1 厘米这样长（用手比画，大约 5 厘米）

师：是吗？我们也来比比看？（每组发一根米尺，由学生来操作）

生：噢，也是一样长啊。

师：还有一个问题，你思考一下。咱们金华的 1 厘米和北京的 1 厘米一样长吗？

生：不一样，北京那么大。

生：一样，都是这种尺。

……

从以上片段中，学生体会的是两个层面的内容。

第一，单位是一种规定。不论是什么尺子，不论在哪里，单位都是一样的，并以此感悟"标准"的意义。

第二，单位与整体的关系和部分与整体的关系不同。在学生的经验中，部分总是随着整体而长大的。比如树变大了，那根、枝也变大了；比如人变大了，那鼻子也变大了。因为，在学生眼里，什么都是有生命的。可是在单位与整体中，单位越多，整体越大；整体再大，单位还是不变。这是标准的第二层意思，也是经验改造中的一个主要改造内容。

这节种子课的意义，就是将数学知识植根于学生的经验之中，这样，学生的所有经验就会支撑种子的芽进行生长。因此，种子课的特点是深耕细作，不怕花时间。这里举例的《厘米的认识》，因为有了以上两个片段的演绎，40 分钟肯定是不够的，我在上这节课的时候，许多老师就担心这样上完不成教学任务。俗话说："磨刀不误砍柴工。"刀磨透了，当然是费时一些，但后面就会省时间了。

3. 分米的认识：体验单位的适宜性

关于计量单位，通过《厘米的认识》的学习，应该是比较深刻了。

但仅此是不够的，这就要在《分米的认识》这一生长课课时中加以完善。

片段：体验单位的适宜性

师：我们上节课学习了厘米，现在请同学们用厘米来描述一下书本、铅笔、桌子、教室的长度，然后来分享我们描述的体验。（学生操作，度量书本、铅笔、桌子、教室，并记录结果）

师：同桌或小组交流结果。（略）

师：让我们来分享我们的体验。

生：用厘米量书本、铅笔比较容易量准。

生：桌子也可以量准，就是比较辛苦。

生：教室的长度量起来对不上，不准。

师：有什么结论吗？

师：我们可不可以认为，用厘米测不大的东西比较合适，测更大的东西可能就不合适了？

生：是的。

师：数学中为了方便，为桌子这样的对象的度量规定了一个不同的单位——分米。今天我们一起来看书，看看"分米"是怎么回事。

……

这是长度单位的第二节课。就知识而言，新东西不多了，重要的是要让学生充分体验单位的度量具有适宜性，以此接受比厘米大的单位——分米。

接下来第三个课时的《米和毫米》就不展开讲了，老师指导学生接着类推就可以了。如果测量对象更大，则有更大的单位，如米、千米、光年等；如果测量对象更小，则有更小的单位，如微米、纳米等，即至大无边，至小无内了。

三、种子课：以深刻达成简约

现在，我们回到前面去，假设一、二年级的长度单位是这样认识的，那么，在上面积单位的课时，就可以这样来教学。

师：同学们，我们知道对象的比较需要有单位来描述，长度有厘米，重量有克，那么现在面积的大小比较，当然也需要——

生：单位来描述。

师：面积的单位有哪些呢？这些单位分别是怎么规定的呢？这些单位之间是什么关系呢？请大家阅读书本第×页至第×页。

……

当然，角的单位、时间单位、体积单位、容积单位的学习也一样，无非是一棵树上再挂片叶子而已。

因为有了种子课的深刻，就有了这些后续生长课的简约。

这里也兼而论述另一个问题，也是我们的小学数学教师经常会迷惑的，即什么时候组织学生自己阅读书本比较好？就比如《厘米的认识》和《面积单位的认识》这两者都是单位的认识，但前者决不可组织学生阅读书本，教师须有创造；后者就可组织学生阅读。个中差别读者们想来应该有所体会。

接下来思考的问题是：在这么多课中，怎么来判断哪一节课是种子课呢？回答这个问题其实也不难，关键是从一个系统的角度来思考，整体把握一个知识块的前生今世及后延。这个过程一定有其发生的基点（知识与经验活动相连的关键点）、发展的节点（知识与知识相连的关键点），这些基点与节点可能就是我们的种子课，一定要对这样的课花力气，精雕细琢。这些课上好了，学生的学习就不会模糊，并于非基点或非节点的生长课上鼓励学生自己阅读、自己思考，就不难了。

比如数的认识，在小学里，学生先后要认识自然数、小数、分数。在这些数中，自然数的认识过程已于幼儿阶段开始，小数则是分数的另一种书写形式，因此，在"数的认识"这一知识系中，具有种子特征的课有三节：《自然数1的认识》（这节课其实在幼儿园中就进行了），《用字母表示数》和《分数的认识》。为什么呢？

理由其实很简单——这三节课标志着学生数概念发展的三次飞跃：

自然数，从物抽象出数，用一一对应的方式用数来表示物，体现数的确定性。

用字母表示数，当数处于未知不确定时，用一个字母表示存在多种可能的数。

分数，把整体视为单位并量化为整数"1"，这个"1"与作为自然数的"1"是不同的。

由于自然数的认识发生在学前，因此，在小学里，《用字母表示数》和《分数的认识》这两节课就是需要教师花力气去磨出其中滋味来的种子课。

运算也是如此。

图形与几何也是如此。

写到这里，想到一句话："知所先后，则近道矣。"（《礼记·大学》）数学教学和打仗的道理是一样的：一定要打好关键的几仗，关键的几仗打好了，就形成势了，其他仗就会势如破竹般地获胜。

种子的力量在于生长，在小学数学中，每一块知识都可以描述为从生活中来到生活中去的一个过程，这个过程具有内在联系。如果将这种内在联系的不可断绝视为生命过程，那么，种子课的提出和实践就不是不可理解的了，而是可以改善我们的数学学习的。

数学教学，我们缺在哪里

——以《生活中的负数》为例

新课程改革已十年多了，说好的老师很多，说不好的教育人士也很多，但大家更多的是困惑——知道教学需要改革，但改革在哪里又不甚明了，于是便陷于困惑之中。

一、关于隐性知识

新课程，是夹裹着对"高分低能"的教育现实的批判而来的。一般人都以为，"高分低能"的对立面应该是"高分高能"，因为"低分高能"显然是不可以的，所以就有了"高质量轻负担"之说。但现实是"能未高，分却低了"，"负担未轻，质量却先下来了"。为什么？

作为一个一线的教育者，看到或体会到许多减轻学生课业负担的举措最后成为加重学生负担的原因。究其原因，是我们只看到了问题。

在 2000 年左右，有一个"知识的冰山模型"（如下图）为许多专家所传诵：

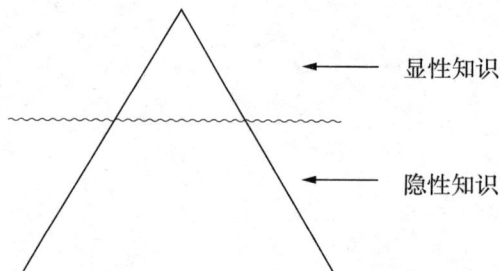

这个模型很好地诠释了显性知识与隐性知识的关系。它告诉大家，

教师传授的知识既包含显性知识，也应该包含隐性知识。这老师们都听得懂，但老师们需要的不仅是道理，更需要实践范例。即老师们需要以某一节课为范例，明白什么是显性知识，什么是隐形知识，它们分别是如何实现课堂中的传递的。

举一个例子，比如五年级（或六年级）《生活中的负数》一课，它的显性知识比较明了：负数的意义、读法、写法以及用负数来表示。这些显性知识就是我们平常所说的"双基"——基本知识（意义、读法、写法）和基本技能（用负数来表示）。问题是：与之相应的隐性知识是什么呢？是什么数学思想？抑或是数学观念？

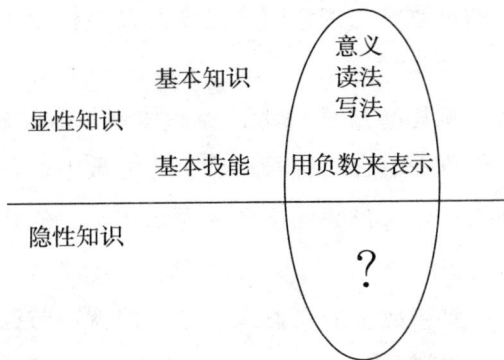

这可能就是教育专家与教师的区别——教育专家可以笼统地说显性知识与隐性知识，但作为教师，应该知道显性知识有哪几个知识点用以落脚；隐性知识当然也应该有若干个点用以实现，否则隐性知识就成了虚知识。

回顾新课程的进展历程：当一位教师需要知道具体一节课的隐性知识时，由于缺乏相关研究而未能被告之。但是，被告知了一种关于"隐性知识"的传递方法，即合作、讨论、探究等。

于是合作、讨论、探究成为新课程的形象外衣。课堂开始热闹起来：原来教师有40分钟不断重复加强学生关于意义、读写、表示的知识，现在要拿出十来分钟进行讨论、探究，自然占用了原来40分钟的部分时间。知识强化时间减少的结果是学生知识技能熟练水平的下降，学生两极分化的程度加强。

这样的结果，当然不是我们想要的。于是，回归之声日起，所谓的合作、讨论、探究在更多时候给人一种假合作、假讨论、假探究的感觉，也便渐渐地消退。

这不是我们想要的。

二、先让我们想明白

我们从两个方向上来想明白：

① 显性知识与隐性知识分别是什么？

② 各种知识分别以什么样的方式让学生接受？

以《生活中的负数》为例，前文已提及其显性知识，现在来分析其隐性知识。

作为一种数，从思想层面思考，当然体现了数学的符号化思想。但这是不够的，负数中蕴含的符号化思想与分数中蕴含的符号化思想一样吗？有差别吗？如果我们从这个层面来定义它的隐性知识，虽然是对的，却无法落实。

作为一种数，要从数感的层面来思考，即就这节课而言，同这之前关于数的认识的差别是巨大的。具体表现在两个方面：

[第一方面] 在这节课之前，数对于学生而言，是对应着一个物体或物群的，学生头脑中的数是以对物的感知为支撑的。比如5，是与生活中的5件、5样、5个……对应的，0是与"没有"对应的。但到了"负数"这节课，5不再是对应着5样东西，而是对应着穿两件衣服这样一种天气状态（即5℃）了。0不再是对应着"没有"，而是水结冰时候有些冷的状态（即0℃）了。我们把这种种的状态，称为"象"。因此，对于小学生而言，负数这节课绝不仅仅是数的意义、读写表示这样简单，而是支撑其对数的理解的后面的那个东西发生了变化——从由"物"支撑的数发展到由"象"支撑的数。

[第二方面] 数是数学的语言方式。数与"物"对应的时候，体现了数的绝对性，这种绝对性表现为多少；当数与"象"对应的时候，体现了数的相对性，这种相对性表现为高低、大小或多少。

基于以上认识，《生活中的负数》这一课时的知识分析可以表示为：

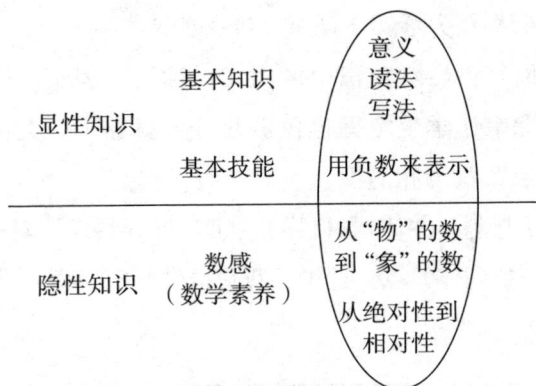

显性知识　　基本知识　　意义
　　　　　　　　　　　　读法
　　　　　　　　　　　　写法
　　　　　　基本技能　　用负数来表示

隐性知识　　数感　　　　从"物"的数
　　　　　（数学素养）　到"象"的数

　　　　　　　　　　　　从绝对性到
　　　　　　　　　　　　相对性

当我们完成以上知识模型的分析后，接着要思考不同类型知识的不同传递方法，或者从学生的角度思考其可接受不同知识的合适方法。这样就进入了对第二个问题的思考：

显性知识因为有具体的知识点，学生可以通过阅读，老师可以通过讲解来完成。完成的效果如何可以通过习题来检测。

问题是隐性知识没有明确的知识点，学生不能阅读，老师也不能跟学生讲"从这节课开始，数从绝对发展到相对了"。即便这样讲，学生也被弄糊涂了，明白不了。因此，学生对隐性知识的可接受方式便是体验——在经历中体验，而且是生动地体验。

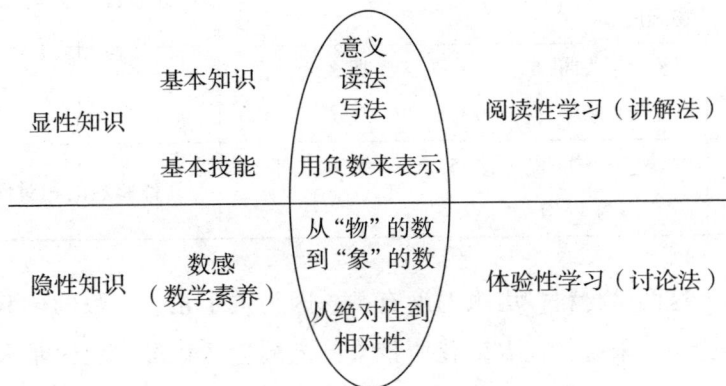

显性知识　　基本知识　　意义
　　　　　　　　　　　　读法
　　　　　　　　　　　　写法　　　阅读性学习（讲解法）
　　　　　　基本技能　　用负数来表示

隐性知识　　数感　　　　从"物"的数
　　　　　（数学素养）　到"象"的数　体验性学习（讨论法）
　　　　　　　　　　　　从绝对性到
　　　　　　　　　　　　相对性

三、如何落实于课堂

所有的分析都是为落实于课堂作准备的。

就这节课而言，显性知识中的意义、读写、表示，许多学生在课前就会了，在课中让学生掌握也仅需几分钟就够了。关键是如何让学生体会数的"象"性与相对性。

体验需基于材料，并依据材料的"序"展开活动。对这节课的隐性知识的落实，须找到体验点。这里，我想提供两份供师生讨论的材料。

材料一：

内容	环节	材料	经验（讨论点）			数感（体验点）
温度	环节一	体温	高	常37℃	低	37℃是一种正常状态
	环节二	水温	100℃		0℃	100℃是水变气的临界状态，0℃是水变冰的临界状态
	环节三	气温	零上		0℃ 更低 / 零下	0℃是穿棉衣的状态

材料二：

	讨论点	体验点
环节一	例：如果（零上温度）为＋，0为冰水混合物温度	体验数的"象"性
环节二	讨论一：如果（　　）为＋，那么（　　）为1，0为（　　）	
环节三	讨论二：如果（比5大）为＋，那么（　　）为1，0为（　　）	体验数的相对性

以上这两份材料，均跟温度有关。因为关于正、负数的体验，就学生经验层面来说，气温变化所带来的人的生活状态的变化是最深刻的，因此，对由状态抽象而成的"象"的体会也是最深刻而普遍的。由于很多数学老师没有想明白，在上这节课的时候，往往变成温度计

的认读与操作，这就偏了，与科学课混淆了。

四、课堂教学的比较

为了更清晰地说明问题，我们对课堂教学作如下比较；也为便于表述，我们把显性知识称为"外"，把隐性知识称为"内"。

模型一：我们曾经批判的——

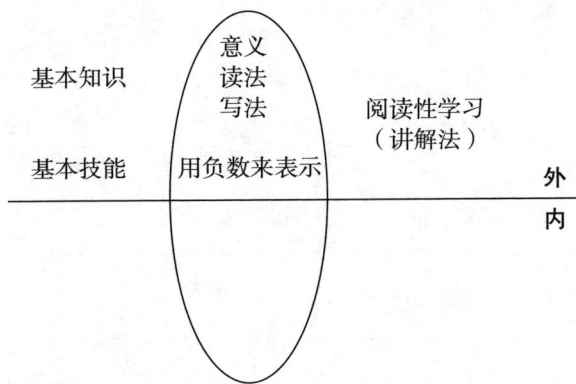

基本知识　　意义 读法 写法　　阅读性学习
　　　　　　　　　　　　　　（讲解法）
基本技能　　用负数来表示　　　　　　　　　　外
　　　　　　　　　　　　　　　　　　　　内

即有外无内——

知识技能掌握得非常充分，课堂呈现从教师到学生的单向性，通常被认为效率高。

教师没有明确的关于隐性知识体验的设计，学生关于数学素养的获得，通常靠自己的悟性而偶得。

模型二：我们目前纠结的——

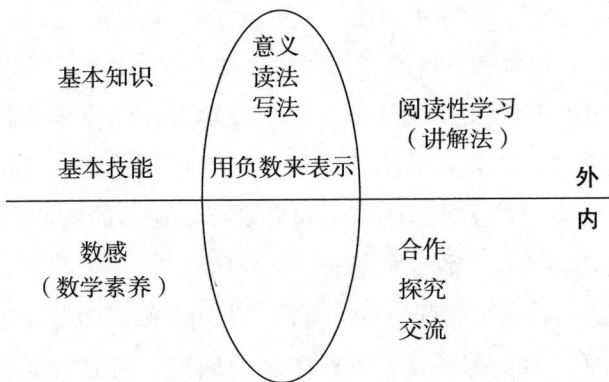

基本知识　　意义 读法 写法　　阅读性学习
　　　　　　　　　　　　　　（讲解法）
基本技能　　用负数来表示　　　　　　　　　　外
　　　　　　　　　　　　　　　　　　　　内
数感　　　　　　　　　　　合作
（数学素养）　　　　　　　探究
　　　　　　　　　　　　　交流

即想内而不得——

课堂形式开始多样，但知识技能掌握的熟练性有所下降。合作、讨论、探究由于没有内容的支持而显得过于形式化，于是只能用合作、讨论、探究来解决知识技能问题。

须知，负数的读法是无须讨论的，写法也是无须探究的，所谓的读法、写法只是一种规定。

模型三：我们应该实现的——

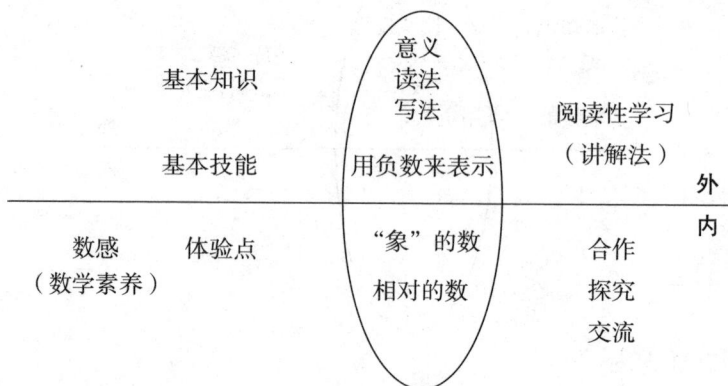

即有外有内——

课堂有东西可讨论了，这非常重要。

在合作中体验数可以用来描述一种状态，如 37℃ 是一种舒适的状态，0℃ 是冰水混合的有些冷的状态。在探究中体验数的相对性，如 5 是 0 时，6 就是 +1，4 就是 −1。

结合以上比较，作如下讨论。

[**模型一**] 的确是有待改善的课堂教学，也是目前大多数教师的教学现实。知识技能落实得很充分，至于数学素养则完全依赖学生的悟性，具有偶然性，缺乏对其明确的培养，知识简单化、表面化。这样学生容易失去学习数学的乐趣——如果说有乐趣，那乐趣也只有分数，而分数一旦带来痛苦，数学则变成了纯粹的痛苦。

[**模型二**] 看到了问题的症结所在，但由于缺乏对数学素养体验点的研究，合作、讨论等方式容易产生新的问题。所有的努力都在问题

的外围进行，不得要领，这样时间久了，大家都会厌烦，因为实践是要有落脚点的。

[**模型三**] 这是一个比较讲道理的模型，我们不敢说理想，但至少提供了合作、讨论的材料与体验的指向，教师可以用于实践了。

结合以上讨论，我们似乎可以得出结论：目前我们缺乏对数学知识对应着的数学素养的体验点的研究。如果没有对这个点的研究，新课程改革始终走不上那个台阶，有的只是台阶前的打转。

五、一种新的课型分类

数学素养有什么用？问这个问题同问菌类的基料有什么用是一样的。菌类的生长离不开基料，但人因为是高等动物，可以只有知识而不要素养。这种缺陷短时间内感觉没问题，但时间久了，问题会很严重。

显性知识是显现在外部的知识部分。

隐形知识是隐匿于内部的知识部分。

知识本身包含了显性部分和隐性部分，如同一颗种子，有胚有芽，胚、芽不可分离，所谓有外有内。若将胚、芽分离了，芽虽然可以青一段时间，却终将萎去。

这样，如果将内、外作为视角，有的课有外无内，有的课有外有内，为便于交流，我们将这种有内有外的课称之为我们前文所论述的种子课。

种子课，以期一种生长的力量。

数学素养之数感与数感发展

在小学数学中，不论是专家还是教师，经常会提到数感，以及数感的培养。但是，在实际操作中，对数感是什么，数感是如何培养的，还是感到十分模糊。接下来，我们就来讨论一下数感是什么，以及作为一种重要数学素养，作为种子课生长的土壤，数感是如何丰满起来的。

数感之一：数字　位值　数级

小学生在进入小学学习之前，有一个学前阶段，在这个阶段，学生的数概念有了飞速的成长，这主要表现为会数数了或会计数了。在小学里，数感培养的基础就是学生的数数。

大致上来看，学生在学习分数、小数之前，要经历三个阶段的数的认识：20 以内数的认识，百千数的认识，较大数的认识。这三个阶段表面上看来是不断认识更大的数，但从数感的培养来看，三个阶段是各有重点的：

阶　　段	内　　容	数　　感
一	20 以内数的认识	数　字
二	百千数的认识	位　值
三	较大数的认识	数　级

学生经历三个阶段的学习后，学生的数感也从数字到位值到数级渐

次丰满起来。所以，数感的培养不是空的，而是非常实在和可操作的。

在这里，可能有必要对"数感"这个词再作解释。学生对数的认识，可分为可表达的和不可表达的两部分。比如，对 9 的认识，可表达的是会读、会写，能说出 9 的组成；还有不可用语言来表达的，但却是学生感受到的——9 是一个数，对应着一组物象；9 是一个数字，作为书写的存在……因此，数感应该是所有可表达的和不可表达的总和。

对百千数的认识，就数感培养而言，数的读、写是一部分，更重要的是对"位值"的体验——"位值"的体验是从"满十进一"的计数过程的物化开始的。

可见，学前阶段学会数数真的太重要了，因为我们的数数是十进制的。

因为是"满十进一"，所以两个数字一定是紧挨着的两个位子，这是由生活物象所支撑的。这样，学生对数的感知有了质的突破，即两个数字合起来表达了一个数，这个数又成了一个新的数。为什么呢？因为有了"位值"。

教材中对"位值"的物化主要有两种经典方式：

第一种是小棒，借助生活中的大小概念——根、捆。

根　　　　　　　捆

第二种是点、线、面、体的方格图。

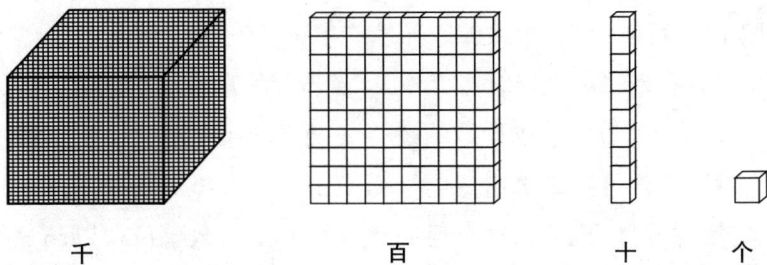

千　　　　　　　百　　　　　　　十　　　　　个

通过物、象的强化，学生建立起了"位次"感，即前一位的大小是后一位大小的十倍，即所谓的"十进制"；并且有了各自的名称——十、百、千。这种"位次"感与"大小感"就整合成了一种关于"位值"的感觉——之所以称为"感觉"，是因为这种认识不大好表达。

在小学里，有的学生把二十五写成205，其原因就在于此。

学生在这个阶段建立"位值"的感知后，对较大数的认识的主要任务，则是建立"数级"的概念，体会"数级"在本质上是前一阶段的推而广之。

…… 千 百 十 个	千 百 十 个	千 百 十 个
亿	万	一

至此，学生们体会到：

0至9十个数字因为"位值"可以写出很多个数。

个、十、百、千四个位值因为"数级"可以写出很多个"位值"，以至于无数。

这就是学生第一阶段学习的数感，它分为关于数字、关于位值两部分。

数感之二：计数单位从"1"到"0.1"

对"计数单位"的认识是数感的重要内容之一，但"计数单位"这一认识又是很难形成的。学生在数数的时候，一个一个数，1就是计数单位；两个两个数，2就是计数单位；十个十个数，10就是计数单位。但学生难以理解，我们教学生说万位的计数单位是万，对学生而言，不是理解，是记忆。因为学生会想1万不是1万个1吗？学生在生活经验中始终是一个一个数的，况且"单位"一词又十分抽象。

所以，我们将学生对计数单位的感知，重点放在"分数的认识"这一内容上。因为分数在计数的经验中是半个半个数，学生以前所经历的记数单位都可以是1组成的，而半个则是由1分解而来的。这是一个数感上的反向挑战，这种反向挑战正好是计数单位得以凸显而被感知的机会。

在"分数的认识"活动中，还有对单位"1"的认识。这个单位"1"可以是1，可以是2，可以是 n，这就又与上学前关于数数的经验联结起来——两个两个数，把2看作"1"；五个五个数，把5看作"1"；等等。

这个"1"不是一个数，而是一个单位，尽管学生分不清单位"1"与计数单位"1"之间的明确差别，但其中的体会就成为学生的数感部分——关于"数"，学生在学习这一内容后，其"感"一定是有所不同的。

数感之三：从精确的一个"点"到近似的一条"线"

数数，是一一对应的。因此，学生关于数的认识都是对应着一个具体的物象，在数轴上就是一个点。但是，近似数的学习则突破了学生关于一个点的信念。他们发现，原来在数轴上，数是一个点，而在近似数这一内容中，数则表示一个区间了。比如10，它不再是一个点，而是从5到14间的一条线了。

这种关于数的认识的突破，对学生而言是充满挑战和极其神奇的。但我们的老师在上"近似数"这一内容时，多把精力放在近似数的意义和四舍五入的方法上，而忽视了学生关于数感的深刻变化。

因此，老师们在指导学生学习"近似数"这一内容时，要有充分的时间和具体的形式，让学生来感知数观念的拓展；以丰富其数感。

数感之四：从确定的数到可能的数

确定的数，用数字表示。

可能的数，用字母表示。

这是"用字母表示数"这一内容在数观念上的又一次突破。

"用字母表示数"这一节内容，在学生的数观念的发展或者说在数感的培育上具有非常重要的意义。所以，在学习这一节内容的时候，要让学生充分感受一个关于"表示"的情境。在教学中，我喜欢用一个小袋子来配合。

师：（拿一支粉笔放入小袋）有几根？袋里的粉笔数用数字几表示？

生：1。

师：（又拿两支粉笔放入小袋）现在袋里的粉笔数用数字几表示？

生：3。

师：（将袋放在桌下后放入粉笔）袋里的粉笔数用数字几表示？

生：4。

生：5。

……

生：比 3 大。

生：比 20 小。

……

老师的上述三个行为中，前两个行为是发生在学生眼前的，是可见的、可确定的，学生无争议；后一个行为是发生在桌下的，学生是不可见的、不确定的。因此，学生有争议，开始瞎猜，但瞎猜又不是无边际的——不会猜 0，因为前面至少有 3 根了；也不会猜 50 根，因为袋里放不下。这意味着虽然数不能确定，但这个数的范围是可确定的，这种感知就是"数感"的来源，会成为数感的一部分。

数感之五：从数的绝对性到数的相对性

在学习"负数"之前，数大多表示"多"与"少"，可是在负数学习过程中，"数"不仅表示"多"、"少"，更是表示状态了。

这是数感的又一次突破。

这种数感的突破，最明显地表现在"0"的认识上。在这之前，"0"通常表示"没有"，而在对负数的认识中，"0"则表示一种可以作为区别的状态，即通常说的"标准"。

因为"数"表示了一种状态，所以数就具有了相对性。比如当标准为 5 的时候，10 就可以表示为 5，0 就可以表示为 -5，这三个"5"就不一样了。第一个"5"对应着相应的物象，后两个"5"则是一种相对于标准而言的状态，而且这种表示是将平均数作为 0 来判断的。

这种相对性的体验，谓之数感的培养。

小结

数感是什么？数感是数字，是位值，是数级，是计数单位；是点，是线；是一种确定，是一种可能，是一种多少，是一种状态；等等。所有这些关于数的基因整合而为数感。

那么，数感怎么培养？

在体验中培养——让学生通过一定的方式，在一定的时间内，体验那些可感不可说的基因，使数感渐次丰满起来。

因此，"数感"绝不是一个笼统的东西，它是鲜活的，是持续生长的，是不断丰满的。一个好的老师，数学学习的指导过程就可以描述为对学生已有数感的依赖与使之渐次丰满的过程。

种子课单元实例之"计量与图形"

　　图形与几何是小学数学学习的四大内容之一。这一内容中，知识间的联系是相当紧密的，对学生的数学思想及方法的形成具有重要意义。但是在教学中，似乎存在一些问题，比如平行四边形的公式推导，缘于"怎样将一个平行四边形转化为长方形"；三角形的公式推导，缘于"怎样将两个完全相等的三角形拼成一个平行四边形"。但真正的问题是："平行四边形转化为长方形的念头是如何产生的？""两个完全相等的三角形可以拼成一个平行四边形是怎么发现的？"这两个问题才是数学的价值所在，而非知道了这个结论后再操作一下，便视为思想方法了。

　　个人认为"图形与几何"这一知识块，可以通过对计量单位的把握，整体呈现该知识块的脉络，从而解决上述问题。将此脉络整理如下，且作简要分析：

计量单位的认识 ——————→ 计量单位的计数 ——————→ 计量单位的归整

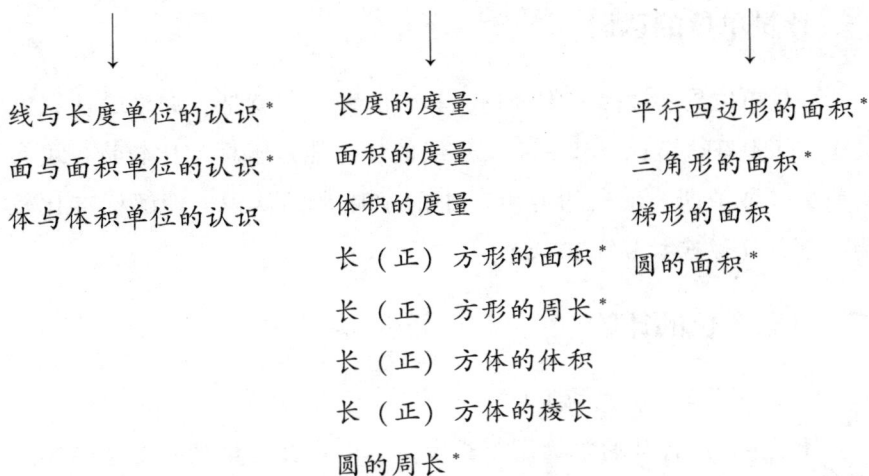

线与长度单位的认识*	长度的度量	平行四边形的面积*
面与面积单位的认识*	面积的度量	三角形的面积*
体与体积单位的认识	体积的度量	梯形的面积
	长（正）方形的面积*	圆的面积*
	长（正）方形的周长*	
	长（正）方体的体积	
	长（正）方体的棱长	
	圆的周长*	

根据这一脉络，那么"图形与几何"这一知识块其实要解决的问题是三个：计量单位的认识，计量单位的计数，计量单位的归整。在这三个过程中，关键的种子课分别是：厘米的认识、长（正）方形和圆的周长（面积公式的推导）以及平行四边形（三角形、圆）面积公式的推导。因为这些课中蕴含着本知识块的基本的数学思考价值，列表如下。

类　别	关键课题（种子课）	数学思考价值
计量单位的认识	厘米的认识	计量单位作为标准比较物的意义
计量单位的计数	长（正）方形周长（面积）	从工具度量简约（抽象）为计算公式
	圆周长公式推导	弧线与直线间的联结
计量单位的归整	平行四边形（三角形、圆）面积公式推导	在不完整单位的计数中，由单位凑整生发出割补的化归思想

———————————

　* 这些课为这一脉络体系中具有如前文所述的种子特质的课，是在这一板块中需要教师特别花力气进行精耕细作的关键点，也是对学生数学思考能力培养的关键材料，即种子课。

一、计量单位的认识

计量单位是一种标准比较物，其中的种子课就是《厘米的认识》。关于如何上好这节课，让一、二年级的学生能理解标准比较物，可参阅前文《种子课，生长的力量》中的"厘米的认识：理解标准比较物"部分（详见本书第 20 页）。

二、计量单位的计数

1. 长方形面积公式的推导

计量单位的计数通常为用工具度量，以及在度量基础上总结出形式化的计算公式。最典型的要数长方形面积公式的推导，推导过程在教材中通常展现为如下过程。

[第一步]　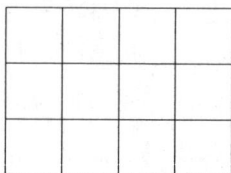　操作计数。

[第二步]　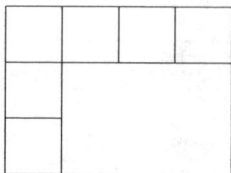　凸显 3 个 $4cm^2$ 或 4 个 $3cm^2$。

[第三步]　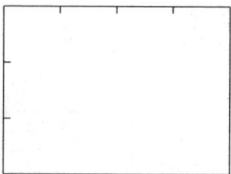　思考发现：面积数与长度数之间的关系。

[第四步]　概括提炼长方形面积公式为长×宽。

这个过程具有典型性，它的典型性表现为从操作计数到观察简约到思考发现再到一般规律的过程，这个过程具有重要的意义。这个过程与"长方形周长"的教学过程相比显得更完整，更具有过程的特征。

2. 圆周长公式的推导

圆周长公式推导的关键落脚点是如何让学生体会到圆与方之间的关联，这个关联是这节课的数学思考价值的蕴含点。对这种关联，教材里有这些环节的体现：

① 用软线比较出圆周长再进行度量，这是变曲为直的方法。

② 用圆在直尺上滚动，这也是变曲为直的方法。

此外，还有一份重要的材料：

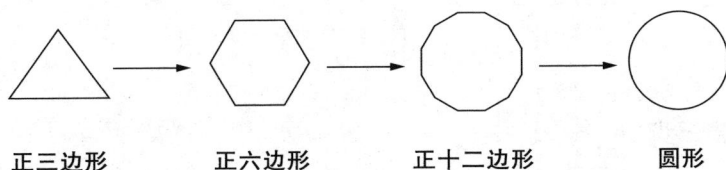

正三边形　　　　正六边形　　　　正十二边形　　　　圆形

讨论：圆是几边形？

结论：弧线是由若干条短直线拼接而成的。

思路：将图转化为三角形进行周长公式的推导。

三、计量单位的归整

1. 平行四边形面积公式的推导

在学习平行四边形面积公式这一内容时，教材中通常会提出一个问题：你能将一个平行四边形转化为长方形吗？只要学生一看教材，就能用剪刀操作了，该问题的数学思考价值便消失了。

事实上，长方形面积公式的推导原点是数面积数。从数面积数开始，到发现规律得出运算公式，从而有了一个完整的思考过程。同样，平行四边形的面积公式推导也可以回到这个原点。不同的是，长方形面积公式推导用摆单位正方形的操作方法，而平行四边形面积公式的推导可以从方格纸开始。

[第一步]

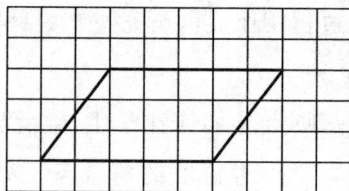

有几个单位正方形？

[第二步]

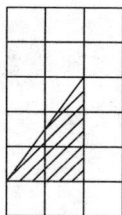

这些不足一个单位的
单位，你是怎么数的？

[第三步]

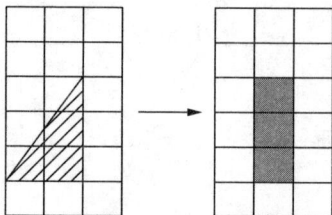

这些就拼成了一个完
整的面积单位了。

[第四步]

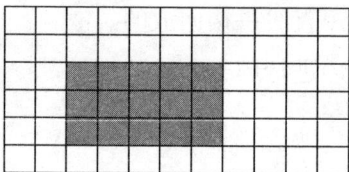

这时候平行四边形就
变成了长方形。

[第五步] ?

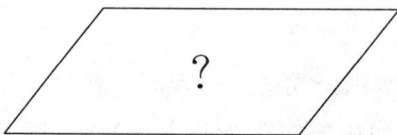

还有不同的变法吗？

至此，这节课的主要数学思考的价值才真正显现出来。

2. 三角形面积公式的推导

在学习三角形面积公式推导这一内容时，教材中通常呈现一个问题：你能将两个完全相等的三角形拼成一个平行四边形吗？这一问题，将一个有意义的思考问题变成了一个操作问题，其数学的思考价值就大打折扣了。

要实现这一内容的数学思考价值，还是得从计量单位的归整开始。

[第一步] 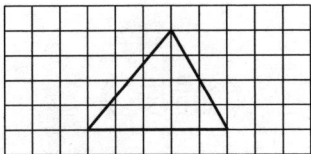　呈现问题：有几个单位正方形？

[第二步] 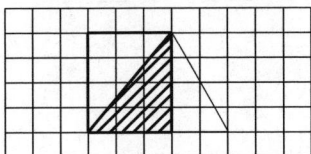　左边是长方形的一半，共 6 个单位正方形。
右边是长方形的一半，共 4 个单位正方形。

[第三步] 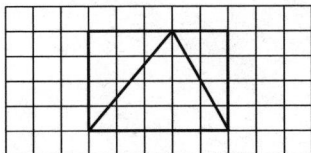　三角形面积是所在长方形面积的一半。

[第四步]（图略）　三角形是同底等高平行四边形面积的一半。

[第五步] 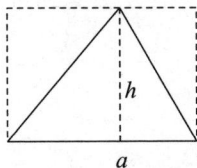　三角形面积 = 底 × 高 ÷ 2。

　　从以上过程来看，三角形的面积公式是脱胎于"三角形是所在长方形面积的一半"这样一个发现的，而这个发现又是在数计量单位的过程中自然发生的。

四、结论

　　图形与几何是一个整体，这个整体的内核便是计量单位。教师要通过计量单位来体现数学知识间的内在联系，以及联系间所蕴含的数学思考价值，达到数学教育的目的。

种子课课堂实例之《温度》

——北师大版四年级上册《温度》课堂实录

一、借助生活，感知温度

1. 气温

师：黑板上写了哪两个字？你在哪些地方感受到过温度？（在黑板右上角画一条直线，如下图）

_____

生1：我在北京感受到过很冷的温度。

生2：我在咱们省的安仁那里感受到过很凉快的温度。

师：你还在龙游感受到过很热的温度，对吧？

生2：对。

师：通常我们把这些很冷的温度、很凉快的温度、很热的温度，叫作什么？

生3：地区的温度。

生4：空气的温度。

生5：天气的温度。

师：我们就把这种有关地区天气的温度，叫作什么呀？

生：气温。（教师板书：气温）

2. 水温

师：除了感受到过天气的温度之外，你还感受到过什么的温度？

生：我还感受到过冰块的温度。

师：冰块的温度就是什么的温度？

生：水的温度。

师：我们可以把冰块的温度称为水温。（板书：水温）

3. 体温

师：还有别的温度吗？

生：人体的温度。

师：人体的温度就是体温。（指名一生）你的体温是多少？

生6：37度。

生7：36.7度。

师：同学们，你们认为刚才这位同学的判断有道理吗？为什么有道理？

生：因为人体的正常体温是37度左右。

师：温度的单位是度。你们知道有哪几种不同的"度"吗？

生：摄氏度和华氏度。

师：是的，不过我国常用摄氏度，常简称"度"。人体的温度高于37度，就是什么情况发生了？

生：发烧。

师：一般烧到40度以上人就受不了了。（手拿一学生的文具袋）这是面包。（学生大笑）

师：体温往下发展那就是什么？

生：低烧。

师：应该是体温过低。人的体温有一个正常的温度——37度，不能太高，不能太低。所以温度对于人体来说重要吗？（板书如下）

体温

40度

↑

37度正常

↓

36度

生：很重要。

二、分析比较，抽象成数

1.0 的再认识

师：我们刚才研究了人体的温度，那么水的正常温度是几度呢？

生：不知道。

师：那你们知道水的最高温度是几度，最低温度是几度吗？

生 8：最高温度是 100 度，也就是沸腾的温度。最低温度是零下温度。

生 9：0 度。

生 10：零下 100 度。

生 11：零下 2 度。

师：现在我们对水的最低温度有了三种意见：0 度、零下 100 度、零下 2 度。你们认为哪种意见是正确的？

生：（大部分说）0 度。

师：水的温度降到 0 度之后就结冰了，所以水的最低温度是 0 度（注：指一般情况下，后同）。

师：水的最高温度是 100 度，最低温度是 0 度。100 度这个点叫沸点，0 度这个点叫冰点。（板书如下）

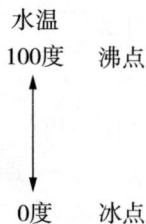

水温
100度 沸点

↕

0度 冰点

师：水有 1 度的时候吗？有 3 度的时候吗？

生：有。

师：这些温度都在 0 度的上面。0 度下面的温度在什么时候会出现？

生：气温当中会出现零下的温度。

师：以我们龙游这里为例，以往的最高气温是几度？最低气温是几度？

生：最高温度大概在 40 度左右，最低大概在零下 3 度左右。（教师板书竖写 40、0、3，为形成纵向温度计数轴作铺垫）

师：有可能出现零下 4 度、零下 5 度、零下 40 度、零下 100 度吗？

生：（一个劲儿地摇头）不会……

师：水结成冰之后，同学们会做些什么事情？

生：穿棉袄，做运动，防寒保暖。

2. 引出正数与负数

师：刚才我们一起研究了体温、水温、气温，你们认为哪个温度最厉害啊？为什么？

生：（齐答）气温。

生 12：它既有零上温度，又有零下温度。

生 13：它最神通广大。

师：接下来我们就好好研究一下气温。生活中通常是怎样来向人们预报气温的呢？我们一起来看大屏幕。（屏幕出示：哈尔滨 -20℃ ~ -5℃，北京 -8℃ ~0℃，龙游 -5℃ ~5℃，海口 12℃ ~23℃）

师：这些温度里，哪些是零上温度，哪些是零下温度？

生：哈尔滨的气温都是零下温度，海口的气温都是零上温度，龙游的气温既有零上温度，也有零下温度。

师：你是怎么看出哪些是零上温度，哪些是零下温度？哈尔滨气温里的两个温度都是零下温度，可是老师并没有看到"零下"两个字啊！

生：哈尔滨温度里两个数字的边上都写了减号，减号是表示负数的，负数就是用来表示零下温度的。

师：其他同学的意见呢？

生：我们也觉得是这样。

师：刚才这位同学说，哈尔滨的温度里有个减号，这个减号就是

负号，负号就是用来表示零下温度的。（板书：零下温度　－　负）

师：那你们是怎么看出海口的温度都在零上的呢？

生：因为它没有负号。

师：那它应该有什么符号呢？

生：加号。

师：它有写过加号吗？为什么没有写啊？

生：没有写，因为加号可以省略不写。

三、研究正数、负数与 0

1. 感受数的大小关系

师：我们已经知道了海口的温度都是零上的温度，因为它没有写出负号，而是有加号，但这个加号却可以省略。（板书：零上温度　＋　正）因此，这一天龙游的温度应该正确地写成 －5 到 ＋5。（在纵向的数轴上标出 ＋5 与 －5，如下所示）那么，这一天龙游的温差是几度呢？

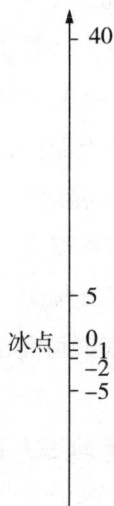

```
                        ↑
                      ─ 40




                      ─ 5
                   冰点 ─ 0
                      ─ 1
                      ─ 2
                      ─ 5
```

生：10 度。

师：怎么得来的 10 度？

生：5 加 5 等于 10。

师：（指着纵轴）大家发现了吗，在 0 以上，数字越大，温度就越怎样？

生：温度越热。

师：0 以下，数字越大，温度越怎样？

生：越冷。

师：在 0 以上，数字越小，温度就越怎样？在 0 以下，数字越小，温度就越怎样？

生：越凉，越暖。

2. 体会正数、负数与 0 的关系

师：我们研究了这么久，已经知道我们将零上温度规定为正，零下温度规定为负，那么 0 表示什么呢？

生：0 表示既不是零上温度，也不是零下温度。

师：我们用一句话来说一说，如果零上温度是正，那么零下温度是负。

生：（齐说）如果零上温度是正，那么零下温度是负。

师：你还能从生活中举出这样的一些例子来吗？能不能试着用"如果（   ）是正，那么（   ）是负"来说一说呢？

| 零上温度 | + | 零下温度 | – | 0 |
| 如果（   ）是正， | | 那么（   ）是负。 | | 0 就是（   ） |

生 14：如果赚钱是正，那么亏钱是负。

师：那什么时候是 0 呢？

生 14：既不赚钱也不亏钱就是 0。

师：那你们现在是属于什么情况呢？

生：（笑答）0。

生 15：如果存钱是正，那么取钱是负，不存不取是 0。

师：能不能不说钱呢？老说钱总不太好吧。

生 16：如果有饭吃是正，那么没饭吃就是负。（哄堂大笑）

生 17：如果赢是正，那么输是负，不输不赢就是 0。

师：还能不能说出一些更加有新意的关系来？先说给身边的同学

听一听。（学生小组内交流）

生18：如果成功是正，那么失败是负，既不成功也不失败是0。

师：那你现在是什么情况？

生18：0。

3. 强化"0"的界点意义

师：现在老师来讲一个，如果比5大是正，那么——

生：比5小是负。

师：那么谁是0？

生：5是0。

师：那么6就是——？7呢？4呢？3呢？0呢？

生：6是+1，7是+2，4是-1，3是-2，0就是-5。（如下图）

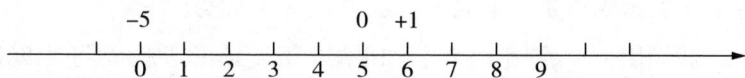

师：看来，数字是可以变来变去的。6为什么就变成+1了呢？

生：因为我们把5看成了0。

师：那么温度计上的0能这样变吗？为什么？

生：不能。温度计上的0表示的是冰水混合物的温度，它是不可变的。

4. 尝试比较两个数的大小

师：现在我们来研究一下另一个问题。老师这儿有两个数，你们认为哪个数大？（板书：-5 -15）

生19：-15大。

师：5与15谁大？

生20：15大。

师：这两个15一样吗？-5和-15到底谁大？

生20：-5大。

师：为什么呢？

生20：两个都是正数，数字越大，数就越大；两个都是负数，数字越大，数就越小。

师：老师这里还有两个数，你们看看谁大谁小。（板书"3 –3"，并看全班唯一不敢举手的生21）

师：你要举手吗？（生21 挣扎、犹豫、斗争，最终举手）

师：既然你已经举手，那我就请你回答算了。（师生大笑）

生21：–3 大。（其他学生大笑）

师：（一脸严肃）谁笑的？都是被你们笑坏的。你自己大胆地想，大胆地说，到底是谁大？

生21：3 大。

师：同学们，正数一般都比负数大，因为正数都比 0 大，负数都比 0 小。那么 +3 比 –3 大多少呢？

生：大6。

四、课堂总结（略）

二、如何上好种子课

❋ 导　语 ❋

上好种子课的前提，是能够上好每一节数学课，在上好每一节课的基础上，老师要从学生学习发展的角度，进一步思考，哪些课需要"莳之"，哪些课可以"弃之"，由此而把握课的先后与轻重。而课的先后与轻重也成为学生学习的节奏与旋律。

因此，在本组文章中，老师们可能看不到"种子课"这三个字，而只是"课"而已。

如何上好数学课，是一个很庞大的问题，在此，我依然试着举一些例子，明晰一些问题，引发一些讨论。

能够捧一本书的老师都是很有智慧的，或迟早会很有智慧。他们都不需要教，只需要激发。因为别人的方法总是别人的，得心应手的方法总是具有个人烙印的。

小学生数学课堂学习之基本样式

经常会有老师问：练习课怎么上？练习课与复习课有什么不一样？新授课呢？概念课与计算课有什么不同呢？等等。在教学实践中，为了便于探讨教学设计中的一些规律，我们把课区分为若干种不同的类型，简称课型。

目前，我们在教学实践中关于课型的分类基本上可以作如下整理。

首先是以教师的教学形式为视角进行分类，可以分为新授课、练习课、复习课、讲评课、活动课等；其次是以课的知识类型为视角进行分类，可以分为概念课、计算课、统计课、图形课、问题解决课、综合实践课等。

基于以上课型的整理，我们形成以下两点认识。

[认识一] 从讨论教学设计的需要来看，对数学课进行课型的分类是必要的，是有意义的。课型是在实践过程中因为需要而形成的。

[认识二] 对课型的确认缺乏科学的讨论，因此，关于课的分类缺乏共识，原本为了便于教学设计的课型分类，反而给教学设计的讨论带来额外的干扰。

因此，我们有必要对课型进行梳理，在梳理中形成具有共识性的分类，并对每一课型的基本样式进行讨论。这样，对于小学数学教学设计的研究，或者让数学教师们尽快形成并提高教学设计能力，是有价值的。

一、数学课的基本课型：新知与复习

一般分类都会选择分类标准，标准从哪个角度选择是一个问题。通常而言，课堂要素分为教师、学生、教材三大类，我们前面讨论的课型分类大体上是从教师、教材两个视角来选择分类标准的。事实上，课堂的学习完成者是学生，因此，课的分类应该从学生这个视角出发来讨论。

那么，从学生出发，课堂学习有哪些类型呢？我想只有两种："温故"和"知新"，或者说"学"和"时习"。这两种类型用目前教师间通俗的说法是新授课和复习课。也许有人会问：如果课型只有新授课和复习课，那么练习课是不是不用上了？

不是的。应该说练习是复习的一种样式，试卷讲评在本质上也是复习，这个问题在本文第三部分"复习课的基本样式"中会再作讨论。

那么，这样分类的实践依据和理论依据是什么呢？这个问题很复杂，也很简单。孔子概括得十分简洁：首先是"温故而知新"（《论语·为政》），强调了温故是知新的前提，用皮亚杰的话来说，温故是激活内在的图式，知新是用内在的图式来同化（顺差）的过程，从温故到知新也是一个建构的过程。

其次是"学而时习之，不亦乐乎"（《论语·学而》）。它强调了"学"须"时习"，才至于"乐"。艾宾浩斯的遗忘曲线是先多后少、先快后慢，因此，他对孔子的做法应是赞赏有加了。

如果我们将孔子的这两个说法串起来思考，不难发现，孔子对学生的学习观察是深刻的，因为深刻而简洁，即学习就是知新与温故之间的不断循环往复，从而形成一个乐在其中的学习环。

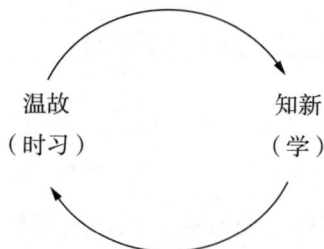

温故
（时习）

知新
（学）

所以，我认为，小学数学的基本课型分为两种，即新授课和复习课。下面，我们分别梳理这两种课型的基本样式。

二、新授课的基本样式

数学是语言，数学是工具，数学是体操。学生们是怎么学数学的？或者说数学是怎么学的？探讨新授课的基本样式的前提是学生们的数学学习是否有基本样式。

个人认为，数学学习应该有三种基本样式：

第一，关于定性或定量刻画的学习；

第二，关于方法或理论的学习；

第三，关于应用的学习。

那么，这三种学习是否具有稳定特征，可以称之为样式呢？

1. 定性或定量刻画的学习

这种学习过程本质是一个概念化的过程。它立足于学生在生活中获得的生活经验，经过不断的提炼、改造，形成科学的数学认识，从而形成数学学习的语言要素。其样式为：

经验
认识

概念化

数学
知识

如果将这一过程展现为一个学习过程，那么这个过程应该有如下基本环节。

[**环节一**] 用情境或活动激活经验，形成一份可供讨论的经验性认识材料。

[**环节二**] 通过进一步操作、讨论、辨析等活动，对经验性认识中

的特征进行明晰，使其具有科学性，形成概念。

[**环节三**] 通过各种练习方式强化科学认识，消除经验认识中的束缚，完成学习任务。

案例

课例实录 《厘米的认识》
(人教版二年级上册教材在一年级上课)

师：小朋友，老师想请大家用这样的格式说一句跟别人不一样的话。[板书：（　　）比（　　）长]

生：桌子比凳子长。

生：爸爸比妈妈长。

……

师：好棒哦，我请两位小朋友到讲台上来，问：他俩（　　）比（　　）长？（学生回答略）

师：现在我要增加难度，你还能说吗？[添加板书：（　　）比（　　）长（　　　）]

生：甲比乙长一点点。

生：甲比乙长半个头。

生：甲比乙长一个头。

生：甲比乙长 14 厘米。

生：甲比乙长 15 米。

师：（边听边整理，形成板书）有这么多不同的说法！这些不同的，你认为哪一种说法比较正确？

生：我认为甲比乙长 14 厘米比较正确。

师：为什么？理由呢？

生：因为我们今天学尺子。

师：谁告诉你的？

生：柳老师（注：指所借班的班主任）。

师：尺子跟厘米有什么关系？

生：尺子上有厘米。

师：我想看看。（学生拿出尺子并把它竖起来）哦，我想问一下，厘米是什么？

生：厘米是两个字。

生：厘米是写在尺子上的。

师：嗯，那有多少人同意这个同学认为长14厘米比较正确的观点？（有许多学生举手）

师：不同意的同学有别的答案吗？

生：我认为甲比乙长一个头更好一些。

师：还有不同的想法吗？（学生回答没有）小朋友们认为两个答案比较合理，现在我们来进一步地研究（擦去并留下如下板书）

甲比乙长<u>一个头</u>

甲比乙长<u>14厘米</u>

师："一个头"和"14厘米"都表示什么？

生：表示差别。

生：表示甲比乙长的长度。

师：对，表示甲比乙长的一个长度。那么，不一样的呢？

生：头有血有肉，14厘米没有。

生：头不好移过来移过去的，厘米在尺上可以移过来移过去的。

师：讲得好！小朋友们，我发现有的小朋友对"厘米"有所了解，有的小朋友了解不多，今天我们就来认识它。（板书：厘米）

【环节意图：这一环节意图通过一个活动情境的创设，了解学生的起点，唤起学生关于长度比较的经验。教学所用的材料是"（　　　）比

（　　）长（　　　）"。它在生活中的习惯说法是诸如谁比谁长一个头这样的句式，这种比较方式须建立在"有血有肉"的具体物之上，这种具体物具有"不可移动"等弊端，这些认识对小朋友而言具有通识意义。而厘米对小朋友而言是尺子上有的，它是两个字，它可以用来表示一个长度，这是学生们从同伴或其他途径可得的零碎知识。这种具有通识意义的经验与偶然习得的零星知识在这一环节的讨论中展现出来，形成本课时的学习基础。】

师：下面我们来研究厘米，请大家拿出尺子（投影尺子）。厘米是什么呢？厘米是一个长度单位，我们来看尺子里是怎么规定的。（引领学生观察）尺子上有什么？

生：有线，线有长的、有短的，每9根短线边有两根长线。

生：有数字0、1、2、3不等。

师：小朋友们观察得真仔细。这些线叫刻度线，那么，数字与刻度之间有什么联系呢？

生：数字都写在长刻度线下面。

师：对了，尺子规定两个长刻度线之间的长度为1厘米。小朋友们，这是尺子规定的，我来问问大家，从0到1是几厘米？

生：1厘米。

师：从1到2是几厘米？

生：1厘米。

师：从3到5是几厘米？

生：2厘米。

师：太好了！下面同桌互相考一考，一个问、一个答好吗？（学生练习）

师：小朋友们，我看我们每人都有一把尺子，每把尺子上都有许多个1厘米，我想问问大家，你尺子上的1厘米跟你同桌尺子上的1厘米一样长吗？

生：不一样！

师：不一样？来，我们把两把尺子上的 1 厘米对起来，看看一样长吗？（学生操作，纷纷讲"不一样长"和"一样长"）

师：有的说一样长，有的说不一样长。我们请说一样长的和不一样长的各选一个代表把你们的尺子投影出来给大家看看。（学生代表摆，大家观察）。

师：一样长吗？

生：一样长！

师：小朋友们，现在我们知道了不同尺子里的 1 厘米是一样长的。现在我想请小朋友们继续思考，老师有一把尺子（拿出一把米尺），这把尺子这么长，它的 1 厘米跟你们的尺子上的 1 厘米一样长吗？

生：不一样。

师：我们来比一比。（请一位学生上来摆两把尺子的 1 厘米，大家发现是一样长的）

生：我发现短尺和长尺上的 1 厘米是一样长的。

师：小朋友们，我们通过观察发现，不论长短粗细大小，尺子上的 1 厘米都是一样长的。那么，我们这儿的 1 厘米跟北京的 1 厘米一样长吗？

生：不一样。

师：北京的 1 厘米跟美国纽约的 1 厘米一样长吗？

生：不一样。

师：其实都是一样的，只要不是错误，1 厘米都是一样长的。好了，现在我们认识了厘米这个长度单位，让我们来做一个幼儿园的游戏——"请你照我这样做"。

【环节意图：让学生知道厘米是规定的一个长度单位，记住就可以了，并知道所有的 1 厘米都是一样长的，渗透度量衡的统一观，从而强化第一环节中为什么用一个头来衡量甲、乙的长短差别是有缺陷的——因为头不是标准长度，所以需要用规定的厘米来表达长度的差别，并通过游戏的方式来使学生形成厘米的长度表象，便于估计长度。】

师：考考大家（拿起一根小棒），小朋友桌子上有一根小棒，你估计一下这根小棒大约几厘米长？（学生回答略）

师：现在请小朋友们用尺子量一量，验证一下自己的估计是否正确。怎么样，几厘米？

生：9厘米。

生：10厘米。

师：我们请两种答案的代表将两种度量展示给我们比较一下。

生1：从0到9，是9厘米。

生2：从1到10，是10厘米。

师：小朋友们，你们有什么想法吗？

生：从1到10也是9厘米，因此，这根小棒的长度是9厘米。

师：大家觉得短棒的一头是对准0刻度好，还是对准1刻度好？请同桌讨论一下。（学生讨论）

生：从1刻度开始好。

生：从0刻度开始好，这样一来对齐那个数字就是长度。如果从1刻度开始，还要数一数。

师：对的，对准0刻度线度量比较方便。下面，我们从小包中选出两种物品，先估一估，再量一量、填一填。（学生完成作业）

……

【环节意图：让学生学会使用尺子，使用过程中让学生先度量，反映出学生能够使棒两端对准尺子的厘米刻度线，不同的是有的学生认为可以从0刻度线开始，有的认为可以从1刻度线开始。】

师：小朋友们，看到大家作业做得这么好，我十分高兴。现在请大家收拾好桌上的学具，我们来整理一下，我们学了什么？

生：我们学了厘米。

生：我们知道了所有的1厘米都是相等的。

生：我们用尺子量棒的长度。

······

【环节意图：回顾学习过程，整理学习思路。】

2. 方法和理论的学习

这种学习过程本质上是演绎的形式化过程，从简单的数学知识开始，通过观察、比较、概括等思考，掌握稍复杂的数学知识，并在知识之间逐渐建构一个小系统，达到对该数学知识的整体认识。其样式为：

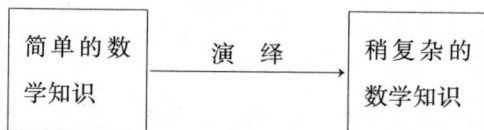

```
┌──────────┐              ┌──────────┐
│ 简单的数 │    演 绎     │ 稍复杂的 │
│ 学知识   │ ──────────▶ │ 数学知识 │
└──────────┘              └──────────┘
```

将这一样式展现为一个学习过程，大致可以分为以下几个环节。

[环节一] 复习。主要复习两个方面的内容：一是知识性材料，二是程序性材料，两种复习形成课时的讨论材料。

[环节二] 通过观察、猜测、讨论、抽象等各种学习活动的组织，促进学生达成对新知的认识。

[环节三] 通过验证、练习、修正等方式的组织，使学生达到对新知的理解、掌握和拓展。

课例实录 《商不变性质》

师：同学们，我们来完成一个口算练习。（学生做，然后集体批改、教师评价）

师：同学们，在做这些口算题的时候，你有没有特别的感觉？

生：这些题目都是除法算式。

生：这些题目的数字都比较简单。

生：我发现有一些题目虽然算式不同，但结果却是一样的。

师：很好，老师从中选出一道算式（板书 $48 \div 6 = 8$），你能写出一个算式不同，而商是8的等式吗？

【环节意图：在复习除法运算中，形成一份供学生感知的材料，从而使其感受商一样而算式不同的情况。】

生：$96 \div 12 = 8$。

生：$24 \div 3 = 8$。

师：好的，同学们都很厉害。下面请拿出纸和笔，我们来比一比，看看一分钟的时间谁能写出更多的算式。（学生练习一分钟）

师：最多的写了几个这样的算式？汇报一下。

生：6个。

生：11个。

师：好。同学们，我们分小组交流一下，为什么有的同学写得特别快？他们有什么秘诀吗？（学生讨论）

师：我们请部分同学代表来阐述写得快的理由或办法。

生：把48和6同时变大。

师：怎么变？

生：比如48乘3，6也乘3，这样，结果一样是8。

师：有不同意见吗？

生：也可以把48和6同时变小，比如48÷3、6÷3。

师：我们同学们在写算式的时候都找到窍门啦！真了不起！找对窍门了就能写得又对又快，哪位同学能够把这个窍门再简单地说一遍？

生：把被除数和除数同时变大或变小就可以了。

师：哦，有更好的说法吗？

生：被除数和除数同时扩大和缩小。

师：好，好，前面同学说变大变小，你说扩大缩小，你说得更加数学。

师：还有不同说法吗？

生：被除数、除数同时乘和除以。

师：精彩，还有不同说法吗？

生：我认为两个数扩大与缩小的数是相同的，否则的话，结果就会变掉。

师：大家认为呢？（大多数学生点头称是）

【环节意图：通过让学生在一分钟内写更多的算式，引导学生发现规律。在小组讨论中，让学生分享写得快的乐趣，同时整理不成熟的感觉，并在陈述窍门的过程中逐渐让规律明晰起来。】

师：同学们，老师觉得大家很了不起，能够在写类似算式的过程中，发现被除数、除数同时乘或除以一个数，商的大小不变。现在，我请大家研究一下，哪位同学能够举一个例子，证明我们大家的发现是错的？

生：……

师：给点时间大家讨论一下。（学生讨论后）有同学能举一个例子吗？

生：0，同乘0以后，除数就变成0了。除数不可以为0的。

生：对的。

师：哦，这位同学说同乘的数不能是0，有见地。我们把这个规律称为商不变性质。

【环节意图：完善发现的规律，通过特例的列举，使学生认识到发现的规律需进行验证、完善。】

师：同学们，老师很佩服大家在这次学习中所表现出来的勤奋与聪慧，下面我们用我们发现的规律来完成练习题。

……

【环节意图：让学生熟练地运用商不变性质来提高计算质量。】

3. 应用的学习

这种学习样式曾经在教材中被明确称为应用题，现在则被称为问题解决。不管怎么称呼，本质上是同一回事，就是将数学知识应用于生活情境中，以解决生活问题。比如，将 $2 + 3 = 5$ 这样一个纯形式的数学，应用于"先买了2支铅笔，又买了3支铅笔，一共买了几只铅笔?"这样一个情境之中。这样的应用学习，从前通常会分析数量关系，现在也叫建立模型，这都无关紧要，其样式可以描述为：

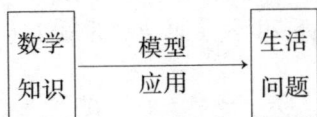

$$\boxed{\text{数学知识}} \xrightarrow[\text{应用}]{\text{模型}} \boxed{\text{生活问题}}$$

若将这一过程分解为一个可操作的过程，大致有如下一些环节。

[**环节一**] 复习相关的数学知识，形成知识准备。

[**环节二**] 典型的情境认知，从认知情境的过程中形成典型的数量关系或模型。

[**环节三**] 将数量关系（或模型）与数学知识融合，得到相应的结果，并形成能力。

【案例】

课例实录 《用余数解决问题》

复习（做有余数的计算题）

师：同学们，我们在计算有余数除法的过程中，有什么心得要告诉大家吗？

生：余数要比除数小。

师：我们来做个游戏。老师要在班里选 5 个助手，分别在周一到周五间每天一个地轮着做，谁愿意？（学生举手表示愿意）

师：我要考察一下，做老师的助手可得有数学脑袋。来，你们五个上来，其他同学帮老师做考官。（五个学生到前面）

师：来，今天是周一，你做助手。（分别安排了其他四人的时间）都记牢了吗？

师：从今天开始，第 10 天是谁当我助手？（学生回答略）

师：从今天开始，第 8 天是谁当我助手？（学生回答略）

师：从今天开始，第 24 天是谁当我助手？（学生回答略）

……

师：我想请判断得又对又快的同学说说看，有什么好办法？

生：×××说，他最快。

师：好的，×××你是怎么判断的？

生：我发现拿老师的天数除以 7，余数是 1 就是周一，就是他，我是周四，只要余数是 4 就是我，就这么简单。

【环节意图：复习有余数除法的基础上，通过一场选考情境，凸显运用有余数除法比逐天推算和查表都来得方便，让学生体会到有余数除法是怎样帮助解决问题的，从而完成形式运演与情境结构的对接，建立一个解题模型。】

师：同学们太棒了，你能否举个类似的例子？老师先举一个吧。（出示题目：第100个气球是什么颜色的？）你能出一个类似的题目吗？（学生回答略）

【环节意图：问题一般化，将用余数解决问题的策略在生活中进行运用，从而达到对这类问题的真正理解。】

师：书上有两个问题情境，分别是：

(1) 有32人渡河，每船最多6人；

(2) 这根绳子长19米，剪8米可做一根跳绳。

你提出的问题是什么，和大家的有什么不同？（学生小组讨论）

生：问题是分几船和剪几根。

生：是否都是有余数的除法。

生：余下的2人可再租一条船，而余下的3米就没法再做一根长绳了。

师：同学们想的真的很好，老师很高兴。这两个问题都是我们曾经遇到过的有余数的问题，我们要根据具体情况酌情解决。

【环节意图：熟悉有余数的非规律问题的解决办法。】

师：我们来做几道练习题。（略）

【环节意图：巩固前面形成的解决策略，帮助学生形成熟练解决有余数问题的能力，为小结作铺垫。】

师：同学们，我们现在回到这节课的开始。对这节课的学习，你能作一个简要的回顾吗？（学生回答略）

【环节意图：用有余数的除法解决问题分为两大类三小类。】

以上我们分析了数学新授课的三种基本样式，这三种基本样式连接在一起，呈现出这样一个学习过程：

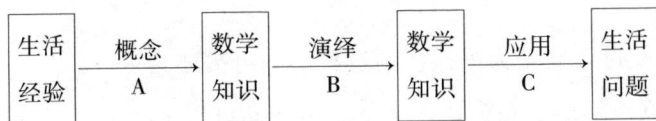

生活经验 →（概念 A）→ 数学知识 →（演绎 B）→ 数学知识 →（应用 C）→ 生活问题

不论是量与计量、数与计算、统计与概率，还是图形与几何，其基本的学习样式都是这样的。为便于描述，我们分别将这三种基本样式称为 A、B、C 样式，那么，在具体的课堂实践中，教师可以将三种基本样式作适当的变通、组合，比如 AB、AC、BC、ABC 等，这些都是未尝不可。

接下来思考的问题是：目前在小学数学课堂学习中，这些样式是否都已经被涵盖了呢?

[**思考一**] 像北师大版教材综合与实践内容中"烙饼"这样的学习材料，我们可以将其归为样式 C，但与样式 C 又有所不同。事实上，样式 C 中的生活问题是经过数学处理的，它的条件与问题已经建立起对应关系。而"烙饼"这样的材料，在条件与问题之间，有相当的空间给学生，这类材料，在教材中被称为综合与实践，但它的基本环节，与样式 C 是类似的，都是应用学习，我们不必另设一类。

[**思考二**] 在教材中，有一些材料很有意思，如"面从体上来"，一节课就是让学生拓印、体会"体上有面"。它没有明确的知识目标，只有对一个过程的经历和描述，那么，它属于哪种样式呢? 显然，它不属于上述三种样式，它应该是一种独具特征的样式。

事实上，学生的数学学习除了需要数学知识支撑外，还需要有经验来支撑，这些经验包括指向于情境、概念、方法或思想等方面的。比如，加法学后学减法，就需要有互逆的思想经验来支撑。再比如方程，需要有守恒的思想经验来支撑。互逆也好，守恒也好，学生们在生活中都有所经历，但因为经历不同，感悟的深刻性有差别，因此，就需要设计一些课程，让学生有意识地经历互逆、守恒等活动，凸显这种思想经验，使其能够较好地支撑数学知识的学习。这种学习我们称为准备学习，它的样式可以描述为：

```
┌────┐   经历    ┌────┐
│纯粹│ ────────→ │生活│
│生活│          │经验│
└────┘          └────┘
```

若将此过程展现为可操作的过程，则可描述为——

[**环节一**] 活动组织，让学生经历活动过程。

[**环节二**] 活动交流，凸显为学生对活动的感悟，使其形成具有生长性的经验。

案 例

教学设计　分数准备课

(人教版二年级上册教材在一年级上课)

材料："半个"和"一半"

目的：

1. 了解学生在学习分数之前，已经知道了多少关于分数的知识；
2. 通过课堂交流，让全体学生形成关于分数学习的知识准备；
3. 探讨学习障碍的纾解途径。

过程：

材料	问题
半个	1. 举个例子，你什么时候用过半个或半张的东西？
(半张)	2. 请你拿出半个或半张的东西。
一半	1. 举个例子，你什么时候会用"一半"来帮助自己表达？
	2. 举个例子，说明"一半"有多少。
	3. 口答，一半是多少？
半个和一半	1. 半个和一半有什么不同？(小组讨论)
	2. 以月饼为例，是半个多还是一半多？
我比他多半个	我 ( ) 个　　他 ( ) 个
我比他多一半	我 ( ) 个　　他 ( ) 个
两个"半个"是 ( )	怎样填比较合适？
两个"一半"是 ( )	

如果我们将准备学习称为 Z，这样，我们对数学新授课的基本样式可作如下整理。

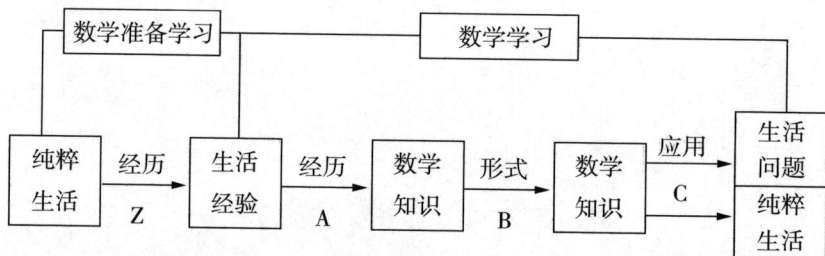

在具体的课堂实践中，也可以由 Z、A、B、C 四种基本样式组合衍生出若干种课堂形态，但就基本样式而言，应该是如上四种。

三、复习课的基本样式

复习课怎么上？复习有对某一具体课时的复习、对某一单元的复习、对若干单元的综合复习。复习因指向不同，其复杂性有所差别，主要样式有三种：

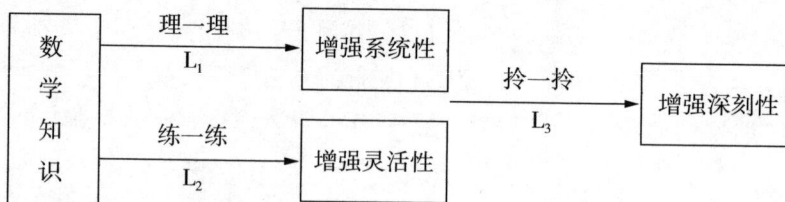

1. 以系统性为目的的复习样式

以系统性为目的的复习样式，我们称为理一理，用字母 L_1 表示。

在课堂教学实践中，这种样式最后基本呈现为树形图或者结构图等可以作为系统表述的形式。

课堂实例 《统计》

环节一：整理、梳理，完成结构图

1. 指导学生阅读教材，思考问题：我们学习了哪些知识？

2. 按下列思考顺序整理

(1) 本单元主要研究了一个什么问题？（数据整理）

(2) 研究分哪几种形式？（统计表和统计图）

(3) 每种形式分哪几种类型？（条形、折线形、扇形）

(4) 每种类型的基本内容有哪些？

3. 在整理过程中，形成知识的结构图

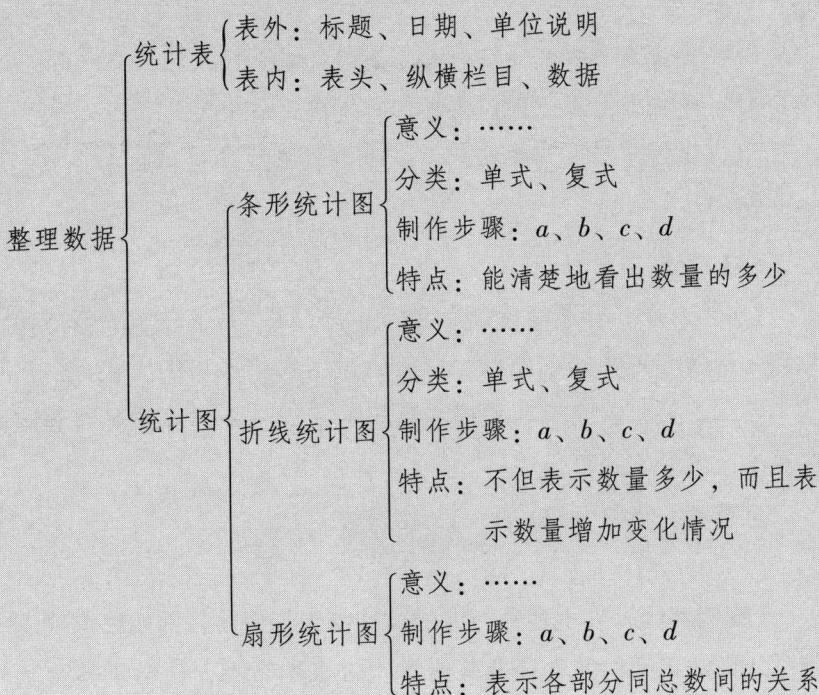

统计表
　表外：标题、日期、单位说明
　表内：表头、纵横栏目、数据

整理数据

统计图

条形统计图
　意义：……
　分类：单式、复式
　制作步骤：a、b、c、d
　特点：能清楚地看出数量的多少

折线统计图
　意义：……
　分类：单式、复式
　制作步骤：a、b、c、d
　特点：不但表示数量多少，而且表示数量增加变化情况

扇形统计图
　意义：……
　制作步骤：a、b、c、d
　特点：表示各部分同总数间的关系

【环节意图：让学生们充分经历结构图的整理过程，鼓励学生用不同的能够表达其逻辑关系的结构图，把对已学知识的简单重复转化为一个脉络的创造过程，达到新的认识。】

环节二：用结构图帮助学生记忆与辨析

请看结构图回答如下问题：

（1）为什么要进行数据整理？

（2）统计表与统计图的各自优点是什么？

（3）不同统计图在使用中各有什么特点？

（4）能简单地叙述制作方法吗？

【环节意图：让学生们体会到结构图有助于提高记忆的速度和质量，减轻记忆负担，提高学习效率。】

环节三：用结构图帮助学生熟练技能

步骤：

（1）统计表与各统计图共有的是哪几部分？

（2）统计表与各统计图彼此之间的不同是什么？

（3）你能列举出在数据整理过程中容易犯的错误与避免犯错误的好办法吗？

（4）练习（题目略）。

【环节意图：在制作统计表与统计图的过程中，学生容易混淆，并且容易记一些具体的小项目。目前通过结构中各项的比较，强化了相同与不同之处，从而有利于提高认识的正确性，并体会到整理成网络结构来改善学习的可行性。】

环节四：小结（略）

[**案例解读**] 在上述复习课的设计与组织中，教师始终围绕着一个主题，即知识结构的整理及其给学生带来的帮助，让学生体会到整理是饶有趣味的，给学习带来的帮助是实在的。这样，复习课给学生们带来的是全新的感受与提高学习效率的乐趣。

在数学复习中，适宜用此方法的内容是比较多的，比如几何图形、分数的认识、小数的认识、数的整除，等等。它们的结构有的层级较为单一，有的较为复杂，教师可以有意识地培养学生在建立结构方面的能力，由简单到复杂，让学生能够自主地做一做。

2. 以灵活性为目的的复习样式

以灵活性为目的的复习样式，我们称为练一练，用字母 L_2 表示。

通常由基本练习、变式练习、辨析练习等多种练习组成课堂过程，让学生在练习中巩固技能，并能灵活运用技能。

案例

课堂实例 《分、小数四则混合运算》

环节一：口算（题目略）

【环节意图：让学生熟练四则运算法则与第一、二步计算过程中的计算技巧。】

环节二：判断分、小数四则混合运算顺序

1. 教师出示计算题目（题目略），让学生想一想分小数四则混合运算的顺序，并用适当的语言表述

如 $\left(2\frac{3}{5}-1.4\right)\div 0.06$ 表述为：$2\frac{3}{5}$ 与 1.4 的差除以 0.06，商是多少？

2. 出示文字题（题目略），要求列出算式不解答

如 2.5 减去 4 与 $\frac{5}{8}$ 的积，所得的差除以 $1\frac{2}{3}$，结果是多少？列式：

$$\left(2.5-4\times\frac{5}{8}\right)\div 1\frac{2}{3}。$$

【环节意图：让学生准确熟练地判断四则混合运算的运算顺序，并能用适当的语言进行表述。】

环节三：运用运算定律使计算简便（题目略）

如在 $0.125 \times 32 \times 0.25$ 中，把 32 看成 8×4；$\dfrac{5}{8} \div 1\dfrac{2}{3} + 4 \times \dfrac{3}{8}$，则把除法改成乘法。

环节四：判断改错，说明理由（题目略）

如 $12.5 \div \dfrac{1}{2} \times \dfrac{2}{5} = 12.5 \div \dfrac{1}{5} = 62.5$。

【环节意图：在分、小数四则混合运算中，由于计算繁杂，每一个细节都有可能出现差错，因此，让学生随时对自己的计算过程进行监控，是使系统技能趋于正确的好办法。】

环节五：综合练习并小结（题目略）

要求学生在复习的基础上进行综合练习，并在练习过程中搜集学生的计算错误进行讲评。在讲评中回顾环节一至环节四，要求学生从四个方面加以努力，同时要注意书写。

环节六：作业（略）

3. 以增强知识的深刻性为目的的复习样式

以增强知识的深刻性为目的的复习样式，我们称为拎一拎，用字母 L_3 表示。

拎一拎，通常是指提高一下，使学生在复习中有些新的认识、新的数学感悟。我们的老师经常把复习称为"炒冷饭"，觉得索然无味，导致这个结果的原因大致就是忽视了复习中的新东西。事实上，在复习阶段，将许多已学的知识放在一起，通过联结、比较，很容易体会到新的数学。这种新的数学是我们教师帮助学生获得的，所以称为拎一拎的复习课。

如果我们将复习任务看作一个板块，用五个课时来完成，那么"理一理"的课大致安排一节左右，"练一练"的课安排三节左右，"拎一拎"的课安排一节左右。

以平面图形的复习为例，我们先安排一节课来整理平面图形的知识，形成脉络。这样的课老师们平时上得比较多，这里不再举例。

接着，我们可以安排三节练习课。练习课的题型大致相同，组织可因人而异。比如我们可以以"图形理解"为内容组织一节，再以"图形计算"为内容组织一节，最后以"图形综合"为内容组织一节。通过这些练习课，对学生关于图形的学习技能进行巩固提高。

最后，我们可以安排一节"拎一拎"的复习课，让学生们在熟知的知识中感悟点新东西出来，现举例于下。

[**问题一**] 同学们，我们学了这么多平面图形，你最喜欢哪个图形？为什么？（不限回答范围，让学生尽可能地多说，以发现精彩的亮点。）

[**问题二**] 同学们，我们在学平面图形的过程中，对你而言，影响最深刻的是什么？为什么？（估计学生能够提到面积公式的推导过程，因为几乎每个图形都有面积公式的推导过程。）

[**问题三**] 同学们，有人说任何一种图形，都是由另外一种图形变来的，你认为对吗？为什么？（重点讨论变的方式：一种是割补，一种是接拼，还有一种是动点。）

[**问题四**] 当长方形的长变得和宽一样长的时候，长方形成了正方形；当长方形的一条边变长时，就成了梯形；当长方形的一条边变为 0 时，就成了三角形。那么，是不是只有长方形能变？（当图形边上的点成为动点时，每一个图形都可以变成其他图形，任何一个图形都是动点的一种状态。）

[**问题五**] 圆是什么图形变来的？圆是几边形？圆是二边形还是无数边形？（圆的边的状态发生改变，从直边变成了弧边。）

[**问题六**] 今天这节课，有什么感悟吗？（图形之间都是相通的。）

这些数学感悟就是复习中给学生的新东西。这样，复习就不仅仅是"炒冷饭"了。

当然，在具体的教学实践中，这三种基本样式可以适当地组合，如 L_1L_2、L_2L_3、L_1L_3 或者 $L_1L_2L_3$ 等，形成复习课的其他变式，我们这里不作讨论。

学生经验与经验改造

经验，是在已发生事件中所获得的知识，小学生的学习处在一个社会人所从事的学习活动的初始阶段，因此小学生学习活动的特征之一便是对生活经验的依赖——如果知识是一棵树，那学生于生活中获得的经验便是树赖以生存的土壤了。但不论是小学语文老师，还是小学数学老师，对于学生的生活经验如何影响学生的学习活动，都相当迷惑。下面试以几个案例来尝试明晰经验对理解的支撑意义。

案例思考一：高兴和快乐的不同

有位小学生问母亲："高兴"和"快乐"有什么不一样？

回答一：差不多的，强度上有高低，时间上有长短。

回答二：比方说，你外婆有一个星期没来咱家了，有一天你突然看见她，你是什么感觉？再比方说，你外婆已有一年没来咱家了，有一天她突然来了，你是什么感觉？大概这就是高兴与快乐的不一样了。

比较两种回答：

回答一着重词义解释，这种解释对于学生的理解而言，属于记住了它们之间的不同。

回答二着重于描述一种学生可以感知的体验，通过唤醒体验达到对词的理解。

两种回答的不同之处在于，回答二找到了学生用以支撑理解的内在经验。

因此，教师如果能找到孩子心中所储备的经验，那么孩子对知识的理解就如同海绵遇到水；反之，则会如同鸭背上的水，勉强沾湿。

案例思考二：学生喜欢的方法

一位数学老师上"9+6"这一内容，按照新课程理念在学生学习过程中强调方法的多样与方法的优化，因此，这位老师在方法的多样化上花了一些工夫，学生也想出了多种有意义的方法，课堂效果十分理想。但问题就出在择优这一环节上：

方法一：9+6   方法二：9+6
$$= 10 + 6 - 1 \qquad\qquad = 9 + 1 + 5$$
$$= 16 - 1 \qquad\qquad\quad = 10 + 5$$
$$= 15 \qquad\qquad\qquad = 15$$

老师希望将方法二作为本课时择优的指向方法，于是问学生：你们喜欢哪种方法？学生回答喜欢方法一。老师又分析两种方法，在强烈地表示了自己的倾向性后问学生喜欢哪种方法，学生们还是答喜欢方法一。

执教老师很是疑惑，学生们为什么喜欢方法一呢？其中的原因何在呢？

课后与执教老师分析，学生对方法的选择有他们的道理，对于 $9+6=10+6-1=15$，学生基于的是生活中不断经历的关于"有借有还"的经验；对于 $9+6=9+1+5=15$，学生基于的是生活中关于"有拆有补"的经验。显然对于一年级学生而言，提供"有借有还"的经验的生活事件是十分丰富的，而提供"有拆有补"的经验的生活事件相对缺乏。因此，学生从本质上会更喜欢 $9+6=10+6-1=15$ 这种方法，尽管它不是我们教师所认为的最优方法。

如果以上分析成立，那么我们可以发现，学生生活中关于借橡皮还橡皮、借钱还钱等生活小事，原来就是在为数学学习作准备了。这种准备就是经验，经验中所蕴含的模型支撑了数学学习中的理解。从这个思路出发，如果我们要让学生喜欢 $9+6=9+1+5=15$ 这种方法，教师应该做的不是讲道理，而是让学生们多玩一些拼积木、剪纸等活动，这些活动可以弥补学生生活中极少经历"拆补"事件的缺陷，从而帮助学生形成丰富的关于"拆补"的经验。

当然，有的老师会说，为这点题目，有必要绕如此大的弯吗？这个说法也是对的。但我们现在讨论的是理解背后的支撑点，所以我们至少应该明白，理解是怎么发生的，至于理解是否要这样做，那是第二个问题了。

但不管老师愿不愿意，学生内在的经验始终会在不自觉的状态下对学习发生影响，有时表现为明白、顿悟，有时表现为理解困难，因为学生的经验具有显著的个别差异。

案例思考三：先乘后加

在小学学习中，有的学习活动老师可无视学生的内在经验；但有的学习活动，却无法离开学生的内在经验，否则，无异于死记硬背了。

在小学数学学习中，四则混合运算有先乘除后加减这样的规则，记住这个规则并用于计算也不难，但理解这个规则，明白为什么先乘除后加减，离开了学生的生活经验就无从下手。

教材设计中多会提供一个超市购物情景，提供牛奶每瓶单价和可乐每瓶单价，要求两瓶牛奶与一瓶可乐共多少元。学生自然会认为先求出两瓶牛奶的价钱，从而解决先求乘再求加的算理。这个算理其实是一个事实，是无法论述的，因为事实就应该是这样的。

案例思考四：线的认识

在小学数学中，线的认识是空间与图形的起始课。生活中线段的原型十分多，学生理解起来也十分容易，但射线与直线因为两端（或一端）的无限延长，而找不到原型。因此，教师在课堂教学中会出现一些困惑。下面是课堂学习中的两个例子，我们不妨稍作回顾来思考。

例一：直线

师：地平线的两端是不是可以无限延长？

生：不可能的。地球是圆的，最后会相交成一点的。

例二：射线

师：（用一个激光发生器从窗口射出去）同学们，如果把激光视为一条线，有几个端点？

生：两个。

师：在哪里？

生：一个点当然在老师的手上发光的地方，另一个点虽然看不见，但一定在后面教学楼的墙壁上。

师：（继续启发）好，那么，如果现在把后面的教学楼移走呢？

生：还是两个点。因为虽然那幢楼移走了，但老师移不走后面的山，山上肯定有那个点。

……

以上是两个课堂教学过程中的例子，老师都想用一个原型来说明直线（射线）的无限性、没有端点，但结果未能如愿。原因是什么？

我们再来看以下教学实录片段。

例三：直线和射线

师：今天我们专门来讨论直直的线。请同学们说说哪些地方有这些直直的线？

生：桌子的边、窗户的边……

师：哦，真多。有没有更长些的直直的线呢？

生：电线、公路、目光……

师：是，生活中有许许多多的直直的线，有的线我们比较多看到，有的线我们比较少看到。老师提供给大家两张图片：夜晚的射灯和海平面的天际线。（演示）这些图片中都有直直的线，这些直直的线和大家前面列举的直直的线有不同吗？

生：这些线都老长老长，看不到头。

生：射灯是往一边看不到头，天际线是两边看不到头。我们前面列举的都是眼睛能看到头的。

师：同学们支持他的说法吗？

生：支持。

教师将学生们的结论整理成如下板书。

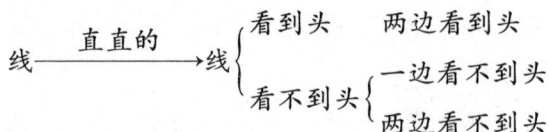

$$线 \xrightarrow{\text{直直的}} 线 \begin{cases} \text{看到头} \quad \text{两边看到头} \\ \text{看不到头} \begin{cases} \text{一边看不到头} \\ \text{两边看不到头} \end{cases} \end{cases}$$

师：同学们，现在你们能将这些分类画出示意图吗？这样可以吗？（板书如下）

两边看到头　　●————————●

一边看不到头　●————————

两边看不到头　————————

师：同学们，现在老师要告诉你们，这些直直的线，生活中叫"头"，在数学中称作"端点"。

比较上述三个教学片段，发现前面的两个片段中，师生间的互动很别扭，第三个片段中师生间的互动十分顺畅和谐，原因是什么呢？原因在于前两个片段虽然找到了生活原型，却没有学生的生活经验；第三个片段找到了生活原型，也找到了生活经验。对学习起作用的是生活经验，而非生活原型。那么，我们如何来理解生活经验与原型的区别呢？

原　型	经　验		模　型
	经验1	经验2	
斑马线	直直的	眼能看到两头	●————————●
天际线	直直的	一眼看不到头	————————
射　灯	直直的	一眼看不到头	————————

经验1是共性，经验2是个性。

在生活中，直直的线都是看到的。因此，关于线的经验都是看来的。基于"看"这一行为，所获得的结果只有两种：看到头和看不到头。看不到头的可以解释为目光有多远，它就可以延伸到多远，通过延伸这一想象，从而与无限相连。

在生活中是没有"无限"的原型的，"无限"是基于一种推断的理解。因此，当老师要求学生将天际线作为无限长的线加以引导时，会带来问题，即天际线不是无限长的，是有交点的。

案例思考五：等式性质和等量关系式

以前解方程都要求学生根据等量关系来解，比如 $5 - x = 3$，根据减数等于被减数减差来解决。但是，用等量关系来解方程，需要记住一些等量关系式，且上了八、九年级后，方程不再用等量关系式而用等式性质来解，因此，许多人建议不如从小学开始直接用等式性质。我个人也曾经这么认为，现在的小学数学教材也的确从小学三年级开始就用等式性质来解，但这又带来一个问题：学生用等式性质来解方程的难度比等量关系式大，这种体会一线教师普遍都有。这是为什么呢？

小孩子在成长过程中也有类似过程。比如小孩子会称狗为"汪汪"，因为"汪"的发声比较容易，且狗又十分常见，之后会慢慢地改称"狗"。值得讨论的是：那个称狗为"汪汪"的过程，可否可因为将来不称"汪汪"而省略呢？

现在我们还是回到议题来，为什么小学生用等式性质不如等量关系来得容易？其原因就在于学生支撑理解的经验水平不同。

学生支撑等量关系式理解的经验是一种可以概括为"互逆"的经验，比如"加数 + 加数 = 和"，那么，"和 – 加数 = 另一个加数"。这种互逆的经验在学生的生活中十分普遍。比如从家向东到学校，那么从学校向西回到家；上坡走到学校，那么走下坡回到家；等等。这些关于"互逆"的经验支撑了学生对等量关系式的理解。

学生支撑等式性质理解的经验是一种可以概括为"守恒"的经验。学生关于守恒的经验首先源于对多个模糊对象的感知，比如队伍一样长就意味着一样多，东西一样大就意味着一样重。接着能在一个对象中体会守恒，比如一支队伍可以因为间隔不同而呈现不同长度，但其人数不变，由此体会到长度变了但数量没变，或者对同一对象虽然形态变了，但重量没变等。如果学生关于"守恒"的经验达到这个水平，那么，学生解答一些应用题的难度就不存在了。但这还不足以支撑对等式性质的理解。当学习个体的守恒经验从关于一个对象发展到两个或多个对象之间后，意义就不一样了。一个学生能够识别两个（或以上）对象之间的变化，等式性质就容易掌握了。

皮亚杰先生在《发生认识论》中对互逆和守恒作过论述，只是目前我们尚缺乏科学的序列研究。但有一点可以肯定，学生关于"互逆"的经验比"守恒"的经验要更早、更丰富，从而使得我们的学生在某段时间内习惯于用等量关系式解方程，而在之后的又一段时间内，习惯于用等式性质来解方程，这个序可能需要我们尊重，而不能想当然地省略某个阶段。

《礼记·学记》中要求教学"当其可之谓时，不陵节而施之谓孙"。这与《教育过程》强调的"可以以适当的方式将任何知识传授给任何年龄的学生"有相悖与相通之处。相悖是相悖在表面所表达的形式上，一个认为要"当其可，不陵节"，一个认为"无所不可，无节不陵"；相通是相通在表面形式所掩盖的对学习支持的重视；"当其可，不陵节"强调的是"可"与"节"这个支撑；"适当的方式"强调的是找到该年龄所具有的支撑。

小结

我认为，作为一线教师，从事于小学生的学习实践，应该去琢磨学生知识理解的"内因"、"内在图式"。就小学生而言，他们的"内因"、"内在图式"大多隐于经验之中。经验有在生活中获得的和在学习活动中获得的，不论以何种方式获得，都是教师教学活动所赖以开展的"内因"、"内在图式"，只有正确把握了，教学才能做到"不陵节"、"当其可"，使学生的学习落在支撑点上，不至于浮在半空，如云无影。

先期学习

　　"先期学习"是指这样一种学习：以某知识点为对象，在教师还没有组织全班学生进行系统学习之前，学生已经以个体的方式对该知识进行了一定程度的学习或经历，从而形成了个性化的理解。

　　学生的这种"先期学习"，对处于课堂一线的数学老师来说并不陌生。有时老师正煞有介事地启发学生思考、探究某一知识内容，结果某些学生却把结果一股脑儿地讲了出来，把探究的气氛一扫而光。因此，有的老师为了杜绝此类现象发生，以免学生的"先期学习"打乱预先设置的教学进程，便千方百计地"控制"学生。这样，原本学生以为自己的"先期学习"会得到老师的肯定，结果有时却遭来"白眼"，学习的积极性就会受到影响，而老师也觉得烦恼。因此，我们有必要对学生的"先期学习"进行探讨，并以此作为提高学生课堂学习质量的有效途径。

一、正确认识学生的"先期学习"给课堂学习带来的意义

　　1. 学生的"先期学习"是学习型社会的必然结果

　　据调查，三年级的学生在学习分数之前，自述会看分数的学生近一半；四年级学生在学习平均数应用题之前，认为"李强班平均身高132cm，王丽班平均身高130cm，李强一定比王丽高"是错的学生达68%；五年级学生在学习圆周率之前，就有多位学生会背圆周率……

　　事实表明，由于学习型社会日渐凸显，我们的学生在接受资讯时，

往往不经意间接触了某一知识。同时，由于现在社会上教育服务机构多，家长参与热情高，学生在上各种学习班期间，也必然会接受许多在学校还未曾学习的知识。这些学习，就成了课堂学习中的"先期学习"。

对于班级的课堂学习而言，学生的"先期学习"是个体行为，给教师的教学工作带来的负面作用是显而易见的，主要表现在两个方面：

首先是加剧了班级学习中的个体差异。由于学生的家庭条件与个人资源上的差别，学生的先期学习具有较大的差异性：有的学生会的较多，有的学生会的较少；有的学生理解得比较有质量，有的学生理解得比较肤浅，甚至存有理解上的误差等，使课堂学习难以同一步调。

其次，使教师陷于评价中的两难境地。教师在课堂上面对学生的"先期学习"给课堂学习进程带来的影响时，往往不知是该表扬还是批评：应该表扬却不敢表扬，怕一表扬，下次学生再起劲，课也没法上。不该批评却很想批评，因为学生不抢着表达可以使课堂进程有条不紊。因为教师评价的两难，导致学生的"先期学习"给学生的课堂学习带来负面影响，学生可能会有这样的想法："我已懂了，老师又不喜欢我说，算了，我管我自己吧。"于是，学生思绪容易游离于整体的课堂学习之外，学生也不知道自己是否在先期学习中理解对了。

这些负面作用尽管为老师所拒绝，但是，由于"先期学习"是学习型社会的必然结果，因此，教师必须理性地看待学生的"先期学习"，去思考如何改变自己的课堂学习。

2. 学生的"先期学习"对课堂学习的发展形态提出了新要求

通常我们将课堂学习描述为一个从"未知到所知"的发展过程，这个过程可能以接受为主，也可能以探究为主。不管以何种方式，它的基础都是"学生的未知"。因为学生对所学知识无所知，因此，教师可以用某个情境去激发学生的兴趣或提炼出问题；因为学生对所学知识无所知，所以教师对整个学习过程可以进行纯个人的设计，可以步步为营，层层诱导，达到所知。

但是，必须强调的是上述课堂学习形态的基础是学生对所学知识的"未知"，这种"未知"的学习基础在过去教师（课堂）作为知识单一来源的非学习型社会，是一种客观现实，是与"未知到新知"的发展形态相吻合的，并由此形成了我们课堂教学中的习惯性形态。

现在的问题是：学习型社会日渐成形，我们的学生是一个随时处于学习环境中的学习者，校内的有序学习与校外的无序学习并存，教师与家长、私聘教师、同学、媒体网络等均成为学生学习的参与者或设计者。因此，对于某一具体的课堂学习而言，原来对所学知识的"未知"基础不存在了，代之以学生在先期学习中对某知识的"有所知"。因此，学校教师在组织课堂学习的时候，不再是"学生是白纸"那样单纯了，而成为中国故事中的师傅面对一个带艺拜师的徒弟时，是思考化去其所带武艺重新培养，还是依势造型、使其在所带武艺上进一步深造的问题了。因此，我们课堂学习的形态发生了革命性变化，即从原来的"未知到所知"变为现在的从"有所知到知所知"。

也许，新课程正是教师们完成这一课堂学习形态转变的及时风。

二、有效利用学生的"先期学习"完成课堂学习形态的转变

学生的"先期学习"在给教师课堂学习的组织提出挑战的同时，更成为教师调整自己的组织方式、转变课堂学习形态的良好契机。下面，以浙教版教材第七册《长方形、正方形的面积》为例，探讨如何完成基于学生"先期学习"的课堂学习形态的转变。

教学设计一：从未知到所知的学习形态

环节一：创造情境，激发兴趣，提炼问题

情境材料：如何比较数学课本与作业本封面的大小。

问题材料：两个平面图形如何比较大小？

【设计意图：要求学生想出多种比较大小的办法，最后通过方法比较，归结为数单位方格的办法比较好。】

环节二：探究新知——认识面积和面积单位

① 建立面和面积的概念。

② 在数单位方格比较大小的过程中，通过数两个单位方格大小不

同的图形，认识到必须建立同样大小的单位方格，从而引出面积单位。

③ 看书认识面积单位：平方厘米、平方分米、平方米。

④ 列举、判断形成面积单位的表象。

【设计意图：引导学生经历面积单位建立的过程，让学生在分组讨论中学会逐步抽象的学习方法。】

环节三：练习（略）

教学设计二：从有所知到知所知的学习形态

环节一：课前预习

要求阅读书本第 134 页到第 136 页，分别剪一个边长为 1 厘米和 1 分米的正方形。

【设计意图：因为学生的"先期学习"有所不同，通过布置预习作业，让每一个学生被动进行一次较完整的先期学习，以此缩小学生个体间因先期学习而形成的差别。】

环节二：复习、整理有关长度认识的基本结构

① 讨论材料：线。

② 讨论问题：线的知识有哪些。

③ 边讨论边整理，形成如下板书。

度量

常用单位　　　　　常用工具：尺子

长度：线 —————————— 长短：cm　　　dm　　　m

【设计意图：一个点在一维空间中运动就是在一条直线上运动，在二维空间中运动就是在平面上运动，线和面的认知结构是一样的，不同的是线比长短，面比大小。通过这一环节的学习，将学生已有的结构呈现出来，供后一环节学习。】

环节三：新授、整理长方形、正方形的面积认识

观察展现由线到面的发展过程，指导学生观察思考，线可以围成规则的图形和不规则的图形。

思考：线围成图形后跟原来相比，有了什么新变化？

① 图形边上的线的总长是周长。

② 图形由线围成的空间就是一个面，面的大小叫面积。

讨论：面的大小比较该如何进行？

① 面的比较主要是大小的比较。

② 面的大小需要度量。

③ 常见的度量单位是平方厘米、平方分米、平方米。

讨论：面的度量工具是什么？

提供如下辅助材料，供学生练习并思考。

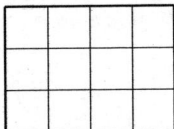

长方形的面积是 （   ） 平方厘米

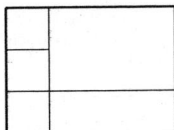

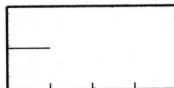

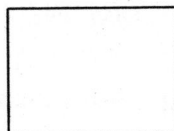

长方形的面积是 （   ） 平方厘米

长方形的面积是 （   ） 平方厘米

长方形的面积是 （   ） 平方厘米

得出结论：面积的度量工具还是尺子，但必须经过计算。

整理：在讨论中形成如下板书。

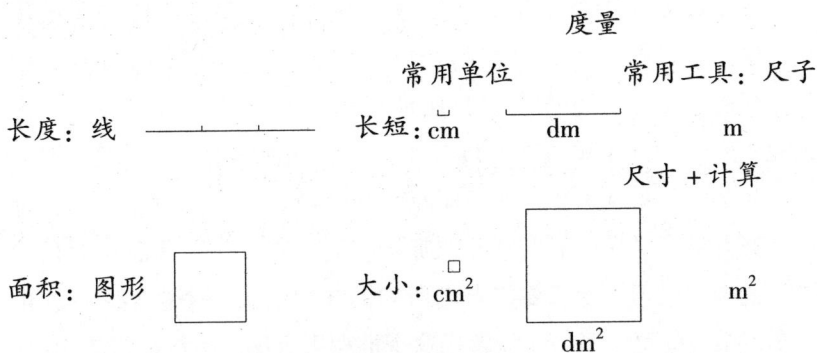

度量

常用单位　　　　　常用工具：尺子

长度：线　　　　　　　　　　　长短：cm　　　dm　　　　　m

尺寸 + 计算

面积：图形　　　　　　　大小：cm^2　　　　　　　m^2

dm^2

【设计意图：通过预习，学生们了解了面积的概念与面积单位，通过复习，学生呈现了一个认知结构，这些均属于学生的"先期学习"。本环节的作用在于将学生们先期学习的关于面积的有关知识通过以前曾经历过的认知结构，被整理为有序的知识结构，从而达到理解。】

环节四：（略）

为了便于比较，现在我们将上述两种设计思路简单描述为这样一份材料。

类　别	教学设计一		教学设计二	
课堂学习形态	从未知到新知		从有所知到知所知	
过程	创设情境 提炼问题	基于未知	预习 复习	基于有所知
	探究问题 解决问题	达到新知	整理 讨论 系统化	达到知所知

显然，设计一所展示的过程是一个封闭的学习过程，学生的先期学习会成为教学进程的干扰。比如老师问如何比较两个图形的大小，学生最好先回答重叠，相差部分剪下来后再重叠。然后老师问这样是不是太麻烦，有更简单的吗？最好是此时学生都睁着疑惑的眼睛，然后老师说让我们来学习新知识吧！但如果有个不识相的学生一开始就说可以求面积，那么，这个情境的作用就大打折扣了。

再看设计二，它没有去创设情境，却安排了预习、复习，课堂学习的主要任务在于将学生的先期学习在讨论中整理，使之系统化，因此，这一设计框架具有较好的开放性。同时，当学生面对着黑板上整理而成的板书时，也许会很自然地设想：如果几个面围起来，会是什么呢？它们的度量单位呢？度量工具呢？从而学会一种思考方法。

从学生的角度来说，如果他面对着"设计一"的课堂学习，他要使自己努力跟着老师，不去打乱老师组织的进程；如果他面对的是"设计二"的课堂学习，他只要将自己所知的知识纳入一个框架之中，形成一个知识系统就可以了，便能够用这个框架去容纳、生成丰富的知识。

三、学生的"先期学习"对教师专业发展所具有的意义

我们讨论了学生的"先期学习"对课堂学习形态所提出的要求，事实上，当我们在讨论教师如何改善课堂教学形态的时候，就涉及了教师专业发展的问题。因此，在此简单地作如下讨论。

首先，教师在观念上，要将学生的学习视为整体学习，这个整体是以一个学习型社会为背景的，横向上包括课堂内外、学校内外、家庭内外等各种资讯地带；纵向上表现为时间的延续，乃至终身。课堂学习是学生整体学习中的一个有机组成部分，这个部分在不同的时段其重要性有所不同，但有一点可以肯定，在中小学特别是小学，课堂学习在学生的整体学习中必然是最重要的。

先期学习只是相对于课堂学习而言的。相对于学习的整体学习而言，先期学习只不过是学生正常学习的一部分而已。

因此，课堂学习必须为学生的整体学习服务——课堂学习是使学生的先期学习更系统、更深刻的一个特殊的生成过程，是一个促进学生开展更多更有质量的所谓"先期学习"的加油站。

其次，教师在实践中，在一个接纳了学生"先期学习"成果的课堂学习中，要试着对学生的先期学习作出诊断，以完善他们的学习质量，弥合个体之间的差距，并激励学生们热爱学习，做更多的属于个人的自主学习，带更多的学习成果到课堂上来交流。

第三，教师对学生的先期学习有必要进行一定的指导，比如要求预习，比如组织学生交流自己在家里的读书计划等。通过这些方式，可以让更多的学生开展有意义的先期学习。但必须指出的是，对学生先期学习的指导必须适可而止。因为，这种学习毕竟是学生学有余力、在一个学习型社会中自发形成的，否则，会成为加重学生课业负担的一个缘由。

学习起点

对于小学生来说，一次完整的课堂学习可以描述为学生从他的认知起点，到课堂学习目标之间的认知发展过程。就这一过程而言，在学习目标既定的情况下，起点的选择决定着这一过程的距离长短。因此，在教师选择认知起点的时候，学生课堂学习的距离空间便被设置了。显然，距离空间过长与过短都不是好事，这就引出一个课题，即教师该如何选择学生的学习起点？

一、小学生课堂学习的逻辑起点与现实起点

学习起点，可以理解为学生学习新内容所必须借助的知识准备。比如小学生学习异分母分数加减法，那么，同分母分数加减法与通分这两个知识内容可看作是学生的学习起点，学生借助于通分，将异分母分数转化为同分母分数进行计算。

如果把视角局限于我们所使用的教材，由于教材本身具有的系统性与封闭性，学生学习的起点应该是明确的，因为学生所拥有的知识均来自于教师与教材，这样学习起点对于教师来说非常明确，无须选择。

然而，由于社会发展的日渐信息化与学习化，小学生的学习资源正变得日益多样，其多样性主要表现在以下几个方面。

首先是小学生父母文化素养的提高，改善了家庭的学习生活，加上父母亲均十分乐意让孩子接触（甚至提早接触）一些文化内容，因此，学生在未从事某一知识内容的系统学习之前，往往已具备了许多

零碎且关键的知识内容。

其次，小学生们的课外阅读材料十分普及，特别是一些具有故事情节的数学童话、益智游戏、科普作品，以及所订阅的报刊，其中均渗透了一定量的数学知识，成为学生的一大学习资源。

再者，由于学习化社会日渐成形，学生们会面对许多电视科教片、动画片、纪录片，以及学生对网络使用频率的提高，再加上科技馆、博物馆、少年宫等文化教育场所的开放，使其从中也接触了大量的数学信息。

可以认为，学习资源多样性在给学生带来生动丰富的学习生活的同时，给课堂教学也带来了挑战。因为学习资源多样，意味着学生的知识状况对于教师来说是一个有待了解的未知数，教师与教材所提供的知识内容只是学生知识状况中的一个部分而已。

鉴于以上认识，我们认为对学生学习起点的选择，在教师对学生学习提供支持的课堂学习中，具有十分重要的意义。

为了便于我们表述，我们暂且把学生的学习起点分为两类，即学习的逻辑起点和学习的现实起点。学习的逻辑起点是指学生按照教材学习的进度，应该具有的知识准备。学习的现实起点是指学生在多种学习资源的共同作用下，已具有的多于教材所提供的知识准备。

举例来说，三年级学生学习"分数的初步认识"这一学习内容的逻辑起点是整数，因此教材从分饼开始学习：

两个饼分给两位同学，每人几个？

一个饼分给两位同学，每人几个？

"半个"没法用"1"表示，于是来学习分数，这就是教材所提供的逻辑起点。从这个逻辑起点出发，学生一点一点地学习新内容。

然而事实上，学生在二年级下学期能读 $\frac{1}{2}$ 为二分之一的人数已十分多。据我们对二年级下学期某班 42 名学生调查发现，在没有学习"分数的初步认识"时，每一位学生均表示从不同的途径接触过分数，但理解程度根据学生接触程度的不同而差别较大，其中超过半数的学生可以正确地用分数来表示一个真分数的阴影部分，这就是我们所说的学习的现实起点。一般来说，目前我们所面对的学生，其学习的现实起点均将高于学习的逻辑起点。

二、学习起点的选择对课堂学习所具有的意义

为了说明正确选择学习起点对课堂学习所具有的意义，我们以"百分数的认识"这一内容为例，作如下说明。

教师 A：

提供材料：

六年级各班达标人数

班级	人数	达标人数
六（1）	50	49
六（2）	52	50
六（3）	48	47

提问：你们说，哪个班的达标情况最好？

教师 B：

谈话：

你们在哪些地方看到过百分数？

你们可以提供一些关于百分数的材料吗？

你能说说你提供的材料中百分数所表示的意义吗？

比较上述两位教师组织学生开展学习时所提供的材料，教师 A 给予学生的是学习的逻辑起点；教师 B 则在寻找学生学习的现实起点，在寻找的过程中把握住适宜的起点。两者间的差别是显而易见的。

1. 不同学习起点对教师组织学习的影响不同

今天的教师，是昨天培养的。应该说，我们教师们在组织学习的时候，已经很习惯于从学生学习的逻辑起点出发：因为教材的编排都是从逻辑起点出发的，它所展现的学习过程具有条理性、科学性和可操作性，教师的学习辅导就比较得心应手，不必应对太多的学习问题。

而如果教师选择学生学习的现实起点，那么，一个最大的问题是，教师将无法照搬教材所提供的学习材料，而必须在学生所占有或提供的学习资源上改造教材提供的学习材料——这种学习材料的调整必须

在对学生学习起点的了解过程中整合，这种学习资源的整合对教师教学能力的挑战是巨大的。可以认为，学习的逻辑起点是静态的，它在本质上排斥其他学习资源对课堂学习的影响；而学习的现实起点是动态的、开放的，它在本质上容纳其他学习资源对课堂学习的影响，并以整合的方式加以促进。从这个意义上来说，选择学习的现实起点符合学习化社会的要求，有利于学生学习能力的可持续发展。

2. 不同学习起点对学生学习发展的不同影响

对于学生的学习而言，教师对课堂学习学习起点的选择绝不仅仅是从哪里开始，而是对学生学习积极性的本质态度。

平时，我们经常会在课上发现一些学生，在老师刚刚开了一个头时，他们就会把后面的知识讲出来，结果被老师指责为破坏纪律。久而久之，学生即便懂了，也只有老老实实地跟着老师重复那个过程。显然，"跟着重复"是一种无奈的选择，结果是挫伤了学生们从更多学习资源获取知识的兴趣。

要避免这种状况发生的对策之一，就是选择好学生学习的现实起点。通过调查，让学生们展现他们已有的知识状况——这种知识展现对于学生们来说是激动人心，当他们把他们所认知的知识告诉同学与老师的时候，他们是在享受，享受学习给自己带来的骄傲。并且，他们会以极大的热忱，把自己所明白知识的来龙去脉，尽其所能地告诉老师和同学，这一告诉过程，既是对他自身学习再思考的过程，也是对其他同学予以激励的过程。老师的任务，则是透过学生所反映的知识，抓住本知识内容的核心问题，再以问题的形式要求学生们继续研究，给予解决。面对问题，起点高或低的学生都会争先恐后地加入研究行列，因为他们愿意享受这种因学习而带来的被重视的快乐。

因此，我们认为，教师在课堂学习组织过程中选择学习的现实起点，对于学生学习发展的积极影响至少在以下两个方面得到充分体现。

首先在于培养学生主动积极的学习态度方面。对学习现实起点的选择很直观地告诉学生们，学校、教师、教材不是他们学习的唯一资源，各种资源空间是彼此开放且相融的，学校、教师、教材则是他们把所有学习资源加以整合，形成学习能力的最佳场所与促进者。

　　其次，教师选择学生学习认知的现实起点，有利于培养学生形成以交流与研究为特征的学习方式。现实起点形成于学生对新学习内容的认知交流，在交流过程中系统理解尚须解决的问题，在问题研究中实现对新学习材料的掌握。因此，这种学习模式，十分有利于学生形成以交流与研究为特征的学习方式。

　　从教学实践的角度看，现实起点的选择对教师自身的素质提出了更高要求。现实起点是由学习认知的逻辑起点，结合学习已有的零星知识与学习体验而形成一个高于逻辑起点的学习平台，构建这样一个学习平台，要求教师树立与学习型社会相适应的学习观。

　　在学习型社会中，学习已成为一种生活，学习与生命运动密切相关。因此，学校、教师在学生学习生活中的地位将发生根本转变。为此，教师必须调整自己的学习观、教学观乃至教师的角色观，把自己主导下的课堂学习建设成为可供学生交流学习心得，整合学习资源，形成学习能力的促进平台。

　　奥苏伯尔曾经说过："教育心理学用一句话概括，就是知道儿童已经知道了什么。"而教师对学生学习起点的选择，正是基于这一精神，是每一位富于教师责任感的教师适应教育现代化所必须作出的选择。

"选材"与"立序"

关于课堂教学的艺术，无非是八个字：即"因材施教"、"循序渐进"。其根本上也只有"材"和"序"两个字而已。"材"的理解是很宽泛的，学生是材、教师是材、媒体是材、文字是材，等等。至于"序"呢？事实上怎么安排都有个序。同样的，材本身也蕴含着序。因此，这里试着以《用字母表示数》为例，来探讨教师在教学设计中如何选择一份材料，选择一份蕴含着序的材料，或者说选择一份能够建立起"序"的材料，以作讨论。

一、字母表示数的"立序"

我们先来分析这份材料。

师：同学们，你们猜老师今年几岁？

生：……

师：同学们，老师告诉你们一个信息，老师比学生大 20 岁，老师几岁？（板书：老师比学生大 20 岁）

生：……

师：去年呢？前年呢？

生：……

师：明年呢？后年呢？

生：……

师：如果学生是 a 岁呢，老师是几岁？

板书材料：

老师比学生大 20 岁

学生岁数	+20	老师岁数
11		31
10		30
9		29
12		32
13		33
……		……
a		$a+20$

这份材料有问题吗？

我个人认为问题很大，换为数青蛙也一样。为什么？因为缺少一个"序"。这份材料没有把序立起来，序发生问题，学生的理解就不清楚，学习就会变成死记硬背。那么，序怎么立呢？

我个人认为，用字母表示数的序应该是这样的：

[**序一**] 认识一个数的状态——不确定的，有范围的。

[**序二**] 接受一种数学规定——不确定的、有范围的数在数学中可以用字母来表示。

[**序三**] 在同一事件中，通常用不同的字母来表示不同的数。

[**序四**] 在同一事件中，表示不同数的两个字母间存在着 > 、 < 、 = 三种比较关系。

[**序五**] 在同一事件中，明确两个数之间存在相差或倍比的关系时，在用一个字母表示一个数的前提下，另一个数可以用字母式表示。

[**序六**] 体会用字母式表示与用字母表示的区别——字母式既可表示数的大小，又可表示与另一个数之间的关系。因此，同一个事件中两个数若有联系，尽量用字母式比较方便。

……

根据这个序，我选择两个信封做材料：一个红包，一个黄包。过程如下。

师：（取出一个红包，放一支粉笔）同学们，我往红包里放了什么，怎么表示？

生：一支粉笔，用 1 表示。

师：（倒出，放 2 支粉笔）现在你确定用数字几表示？

生：2。

师：很好。（将红包放到桌下，装进几支粉笔）同学们，现在你确定可用几表示？

生：可能是 3。

师：为什么？

生：可能是 5。

师：为什么？

生：不一定，有很多可能。

师：同学们，我看你们说了这么多可能，可大家说的数字都比较少，为什么不说可能是 50 呢？

生：不可能，50 支粉笔肯定装不下的。

师：那你说，这个数的可能范围在哪里？（学生有各种说法，教师把红包贴在黑板上，形成如下材料）

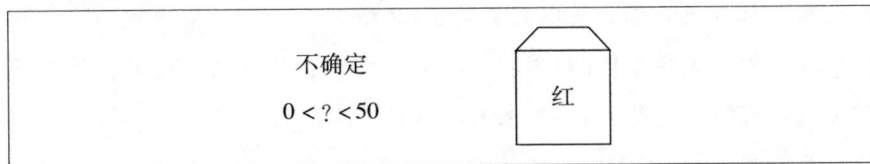

不确定
$0 < ? < 50$

红

师：同学们，今天我们碰到了一个特殊的数，这个数特殊在尚不确定，在一个可能范围内。这样的数，我们今天就来学习如何用字母表示它。我们说红包里现在有 a 支粉笔。（拿出一个放了粉笔的黄包）这个黄包内的粉笔数，可以怎么表示？（学生回答略）

师：同学们讲了这么多答案，大家认为是用 a 好，还是用 b 好呢？

生：用 b 好。

师：理由呢？

生：因为包不同了，数字也不一定相同，所以换个字母比较好。

师：同学们说得有道理。我们用 a 表示红包，用 b 表示黄包，那

么 a 和 b，你认为谁大呢？

生：（经过讨论后）三种可能，$a > b$、$a < b$、$a = b$。（教师形成如下材料）

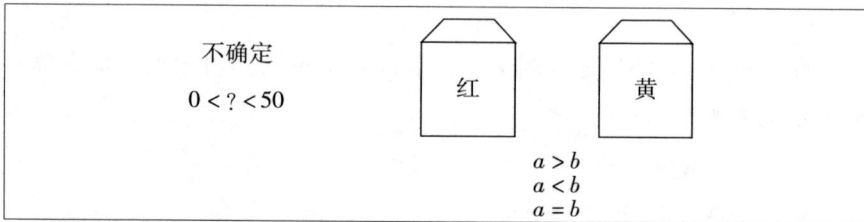

以上为序二至序四，接下来为序五和序六：

师：现在我告诉大家，黄包比红包多 2 根。（板书：黄包比红包多 2 根）你有什么想法吗？

生：如果红包是 1 根，黄包就是 3 根。

师：对。

生：如果红包是 0 根，黄包就是 2 根。

师：同学们，大家说了这么多如果，现在红包有如果吗？红包是几根呢？

生：红包是 a 根，所以黄包是 $a + 2$ 根。

师：啊，太棒了！（板书：$a + 2$）同学们，你认为这时候，黄包是用 b 表示好呢，还是用 $a + 2$ 来表示好呢？为什么？

生：用 $a + 2$ 表示好。

生：因为用 $a + 2$，只要 a 是几，马上就知道黄包是几。（教师板书形成如下材料）

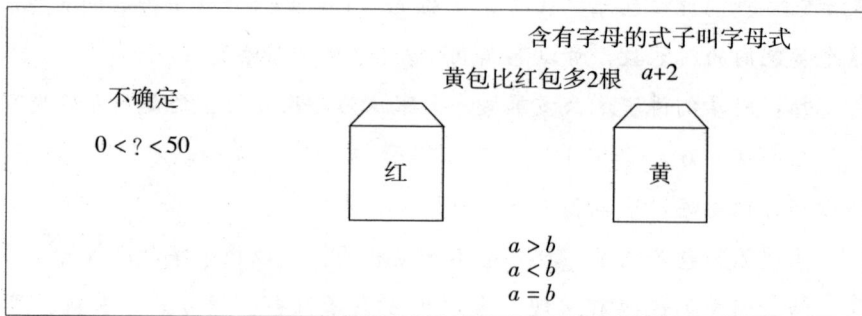

二、用字母表示数的"选材"

在用字母表示数的学习过程中，自始至终以两种颜色的纸包作材料，理由如下。

1. 用一个纸包能够以最干净的形式凸显数的特征

用字母表示数的学习内容，关键词有三个，即"表示"、"数"和"字母"。其中，"表示"具有经验的特征。学生在生活中经常有关于表示的经历，比如鞠躬表示礼貌，在游戏中拍一下手表示付钱了，等等。但这种经验需要激活。

第二个关键词是"数"。就学习任务而言，在学习用字母表示之前，学生们面对的数字基本是确定的。而这一学习任务，需要让学生体会到数的不确定性和可选择性，这是这一内容中最具数学意义的地方，是学生关于数概念的一次拓展。因此，在学习中，应该将这个数的感知过程非常显著地呈现出来。而这个呈现过程必须有一个从确定的数表示到不确定的数表示的特殊体验，有了这个对比体验，用字母表示数的数学意义就明确了。

第三个关键词是"字母"。这个关键词呈现的数学意义是规定，规定这样的数可以用字母来表示，学生接受就好了。其实如果规定不是用字母，而用其他什么符号，事实上也是可以的。

基于以上分析，选择纸包，其意义有二：

[意义一] 纸包不带情境因素，没有附加的情境趣味，从而将学生们的思考集中在对数的表示上。

[意义二] 当学生看见教师往纸包里放粉笔时，用数表示是明确的；当学生看不见教师往纸包里放粉笔时，用数表示就不确定了。在对比中，呈现了本课时内容所要面对的数的状态。而这种面对，成为学生的惊奇——这是真正面对数学的惊奇，与由教师年龄、青蛙只数这种物性所带来的兴趣是有本质不同的。

2. 用两个纸包认知呈现字母与字母式的数学意义

用第二个纸包呈现一个同样的数的特征，是对用字母表示这一个数字规定的强化。同时，它蕴含着一个新的问题，即两个字母间存在的比较关系，因为字母是表示数的，因此，字母在表示数的时候是可以比较的，比如 $a > b$，而字母在表示音标的时候是不存在这种比较的。

当两个纸包之间建立明确的比较关系的时候，如"黄包比红包多2根"，学生们会有新的认知，即 $a + 2 = b$ 或 $a = b - 2$，于是，又形成一个数学问题：

$a + 2$ 和 b 都可以表示黄包的粉笔数，那么，用哪个表示更合适呢？

从而将字母式与字母的认识摆在学生面前，使其达到数学理解。

这就是用两个纸包作为材料的意义。

在教学中，学生很多样，方法也很多样。但不管怎么多样，知识的结构、人的认知方式是有定式的，这个定式就是我们所说的"序"。要循序渐进，首先要明确"序"，并将"序"立起来；至于"材"的选择，一定要简单、朴素，有利于呈现数学的本义，千万不要给材料附加太多的行头，从而将数学湮没在修饰之中。

预设与生成

　　"生成"是一个相对于"接受"的说法，"预设"是相对于"灌输"的一种行为准备，从教师灌输、学生接受到教师预设、师生生成，是教师教学行为方式转变的结果。"生成"是一个思考活动的过程，不是借学生之口说教师想说的话。

　　因此，教学的艺术有时可以简化为教师把握预设与生成的艺术。即如何在一节课中，通过"预设"去促进"生成"，通过"生成"完成"预设"的目标；在"预设"中体现教师的匠心，在"生成"中体现师生智慧互动的火花。

　　那么，一位数学教师，该如何来把握教学过程中的"预设"与"生成"呢？

　　为了便于表达，我们把数学课堂中的师生学习分为"预设"、"预设生成"与"非预设生成"三类。举例来说：

　　在《简单分数加减法》这一课中，教师出示了一道题目：$1-\dfrac{1}{5}$，问学生该怎么做。这可视为预设。

　　教师组织学生讨论，说出各自的解法。一位学生说把 1 化为 $\dfrac{5}{5}$，理由是 $1=\dfrac{5}{5}$。这些学习内容可视为预设性生成，这些生成的内容使得教师的预设有了价值。

　　接着，有位学生甚不满意地举手，在教师的许可下说："1 不只是

等于 $\frac{5}{5}$，如果我一定要化为 $\frac{6}{6}$、$\frac{7}{7}$ 怎么办？"这位学生以这种方式把异分母分数减法突兀地呈现在师生面前。而这些学习内容，按照教师预设，是计划学习结束后布置学生思考的 $\left(\frac{1}{2}-\frac{1}{3}\text{该怎么做}\right)$。

学生打乱了教师的预设，这样的生成材料可以视为非预设生成。

在一个完整的学习过程中，如果只有预设而没有生成，学生的主体性没有被重视，是一种灌输学习。如果有了预设，并在预设中有所生成，就说明师生间有了较好的互动，学生的主体性被重视，是一种有意义的接受学习。如果在预设、预设生成的基础上，又有了许多非预设的生成，那说明学生的学习积极性得到了充分发挥，他们在主动思考，这样的学习是有生命活力的学习。

我们想让课堂学习富有生命活力，就必须去思考这样一些问题：我们该预设什么？如何使预设生成成为课堂主流？非预设生成需要怎样的课堂生态环境？等等。

一、关于预设

预设主要思考三个问题：第一是该学习内容的目标是什么？这为整个师生互动确定了方向，为材料的选择与推进提供了一个停止的地方。第二是学生学习这一内容是如何思考的？这为起始材料的选择与环节的梯度把握提供了依据。第三是该学习内容的内涵与外在的逻辑结构是怎样的？从而使知识结构接近于学生的认知结构。

根据以上思考，教师在考虑学习预设的时候，要在"粗"和"精"上下功夫。"粗"的目的是各环节不宜过细过密，教学中出现的一问一答往往是"粗"的功夫下得不够。"精"的目的是所选择的材料要具有较强的思考性。下面，我们以"动物学校"这一材料为例，来说明如何为学生的课堂学习作好"预设"。

教材材料：

（1）怎样才能做到既不遗漏，又不重复？在全班交流一下。
（2）组成的两位数中，最大的数是多少？最小的数是多少？

首先，这一材料的目标是什么？在教学实践中，发现教师们针对这一材料，预设的目标大致可以概括为两类。

第一类的终极目标为：通过本课学习，使学生们掌握判断组成数的个数的方法。

第二类的终极目标为：通过本课学习，使学生在经历中养成有序列举的思考习惯。

显然，两类目标预设都是体现本课时材料精神的，但不同的目标预设，决定了课堂学习的不同侧重点。如果以第一类终极目标作为目标预设，那么，这堂课的课堂学习的基本思路是在多组练习中概括出判断的方法，形成技巧。如果以第二类终极目标作为目标预设，那么，这堂课的基本思路是在练习中讨论怎样才能做到不重复、不遗漏，让学生得到体验。简言之，两类目标预设的区别在于：第一类是以知识目标作为终极目标，重在知识提炼、技巧形成上；第二类是把过程目标作为终极目标，重在体验与思考习惯养成上。

从学生的发展来说，本课时的意义在于借助简单的排列组合知识，来让学生体会思考问题的时候怎样做到不遗漏、不重复，养成有序列举的思考习惯。

因此，正确的目标预设是学生成功学习的基础，也为教师在学习材料的选择与进程推进上提供了正确的保证。

其次，根据第二类目标预设，本课时的学习环节以问题的形式可以作如下预设。

[问题一]（思考）用8、1、4三个数字任选两个组成两位数，你能写出几个？

（目的：制造认识冲突，展现学生能力基础，因为不同的学生得到的个数有差别。）

[问题二]（讨论）为什么有的同学写的个数多，有的同学写的少？

（目的：分析重复与遗漏的现象，抽象出问题：为什么会出现重复与遗漏？）

[问题三]（研究）怎样才能做到不重复、不遗漏呢？

（目的：展现学生自认为可以改善重复与遗漏程度的办法，并概括为"有序列举"。）

[问题四]（练习）你能说出正确的个数吗？

（目的：掌握有序列举的一般方法，提高思维的严谨水平。）

[问题五] 怎样又对又快地找到最大与最小的两位数？

（目的：形成技能。）

另外，教师在预设环节的时候，也要对该问题要求或可能会引起的学生的学习情绪、教室的学习氛围作出预设，详见下表。

问　题	情绪氛围
问题一	安静的（独立思考）
问题二	疑惑的（有不同现象）
问题三	激动的（有解决办法）
问题四	生动的（因为会了）
问题五	开心的（其实挺简单）

有了这样的关于情绪氛围的预设，那么教师在该环节的实际操作中，会调整自己的情绪进入该状态，并依此去推动、感染学生，让学生们进入一种思维与情绪和谐的学习状态中。

二、预设生成

预设的目的是为了让学生在课堂学习中有所生成。生成包括过程的生成与结论的生成，因此，"预设生成"可以认为是师生在学习互动中形成的过程与结论，是在教师预设的期望之中的。一堂课能否得到丰富的"预设生成"，决定着一堂课的成功与否。教师在课前研究"预设"是在设想"生成"，在课中则要促进"学习生成"。

这里，我们来研究教师在课堂中促进学生达到"预设生成"时应注意的两个问题。

1. 生成的空间

生成需要空间，空间是生成的前提条件。

预设生成的空间大致包括起点到目标间的空间、环节与环节间的空间、环节内问题呈现给学生的空间。这三类空间中的前两类是在课前预设的，第三类空间则需要教师在学习互动中运用自己的智慧及时作调整——有时将课前预设大的空间，根据学生实际分解为若干个小空间；有时因为学生起点优于设想的，就要将原先较小的问题空间调整为较大的。为了便于理解问题呈现的空间，我们以下面三个不同的问题来说明。

[问题一] 我口袋里有一个五角硬币、一个一角硬币，请问我有多

少钱？

[问题二] 我口袋里有两个硬币（人民币），请问我有多少钱？

[问题三] 我口袋里有钱，请问我有多少钱？

比较三个问题可知：问题一空间太窄，答案唯一，生成太少；问题三空间太大，可以说不着边际，生成太杂；问题二则有较合理的思维空间，学生能够在这个空间里作有效的思考。

问题空间可以通过条件设置来调整，也可以通过问题分解来调整：

比如圆周长这一内容，如果在提供右图后直接问学生有什么发现，那这问题的空间就太大了。如果把它分解为这样几个问题，学生的学习生成就会变得不一样：

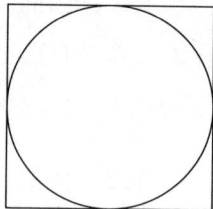

① 观察：图中哪一条线既属于圆又属于正方形？

② 回答：这条线与正方形的周长是几倍关系？

③ 思考：这条线与圆的周长也会有类似的倍数关系吗？

通过让学生对这三个问题进行思考，学习生成就有了方向，生成质量也有了保证。

现在在课堂上经常发现有的老师让学生作一些不着边际的猜想，并美其名曰有创造力。数学课的生成，有其基本要求，就是生成必须是思考的结果，没有思考而生成的材料都应视为无效的泡沫。比如让学生回答老师口袋里有多少钱，因为没有条件设置，有的学生说老师口袋里没有钱，因为早上上班的时候老师把钱分给门口的乞丐了，老师还表扬他有爱心，如此等等。这种生成材料不是数学而是作文，这点是每一位数学老师应该认真把握的。

2. 生成的时间

生成需要时间，时间是生成的必要条件。

有一次，我上一节研究课，课后有一位老师问我："我注意到 × 环节中，学生对这些材料都发表不出意见，都沉默了。这时候你没有任何提示，只让他们讨论，照理说没有答案，讨论后也不会有答案，因为 0 加 0 还等于 0。可事实上，讨论了一会儿后，学生就有了许多精彩的看法。这是什么原因？"

原因其实很简单。当老师在自认为提供的材料符合学生的认知起点，设置的问题空间符合学生能力的前提下，如果学生没有形成预设生成，比较好的选择就是给他们时间。让他们讨论，只是等候他们的一种形式而已。学生没有回答，并不是 0，只是没有明确该如何表达，或者在判断自己的思考是否正确而已。

数学课上比较糟糕的事是教师经常忘记自己该干什么——一看到学生没有反应，就急匆匆自己上阵，在没有预设生成的情况下帮学生操作、帮学生思考、帮学生回答，又使数学学习成为灌输学习。

分析教师给不起时间的原因是多方面的：有的是出于赶时间，有的是出于不知道思考生成需要多少时间，有的也许是教师的性格所致，等等。

人类的活动都有其特定的节奏，思维活动更是如此，有时顿悟，有时冥想。在师生互动的学习活动中，节奏太快，学生跟不上，预设生成不充分；节奏拖拉，学生容易游离于主流活动之外，预设生成同样不充分。

节奏是时间占有的艺术，教师要通过等待给学生时间，其前提是教师的课堂上有时间给。这样，就需要教师在学习活动中充分体会学生的学习状况，不要在容易理解、预设生成已经相对充分的环节上再耗时间；不要因为老师的表达不明确引起歧义而浪费时间；更不要对学生一些无学习意义的生成材料究根问底……教师在课堂上不浪费时间，学生就会感到教师的学习组织比较干净简练；教师在课堂上能耐心地等待学生，学生就不会紧张，心就会静下来，能够专注于问题的思考与活动的操作。当教师的时间掌握与学生的整体思维速度吻合时，学生就会陶醉于自己的思维活动中，学习的生成材料就会丰满充分，达到教师的预设要求。

三、非预设生成

非预设生成是在课堂的师生互动中，学生提供的材料、学习的思维成果、学生开展实验操作获得的结果或结论，与教师的预设相左或意想之外而又有意义的学习生成。

在现实的数学课堂学习中，非预设生成给课堂带来的结果具有两极性——尴尬或精彩。在教师个人来说，心里都有不求有功但求无过的念头，担心非预设生成让自己在课堂上下不了台，于是就不期望非预设生成给课堂带来的精彩了。因此，教师们为了"安全"起见，一般在课堂的师生互动中采用包括语言、眼神、脸色以及课堂的纪律教育等多种手段，或者对学生非预设的学习生成采取漠视的态度，让学生们有尽量多的预设生成，尽量少的非预设生成。久而久之，学生在思考数学问题的时候，会习惯性地思考一个附带问题，即"我这样说，老师会满意吗？"或者"我的答案是老师希望的吗？"但总有个别学生是例外的，他们在思维冲动之下，不管老师高不高兴，都会把一些思维成果表达出来。这样，我们的数学课堂上，依然会有许多"非预设生成"。

学习中的"非预设生成"的原因是多方面的，可以给教师提供许多思考。

首先，这些"学习生成"为什么是"非预设"的？是因为教师在教学设计的时候对学生了解不足，备课不充分吗？如果是这样，则要要求教师在今后的备课过程中，加强对学生的研究，使教学设计实现同学生认知能力与学习材料的最佳结合。

其次，如何使"非预设生成"的学习成果成为激励师生提高学习互动质量的催化剂？"非预设生成"有时以行为的方式表达，有时以问题的方式呈现，有时以结果的方式存在。不论是哪一种方式，"非预设生成"都会给师生带来意外的感觉。这种意外往往给学生带来探究的冲动，如果探究活动带来收获，学生就会有积极的情绪体现。因为进行这种临时探究与被老师预设的探究有完全不同的感受，生命的活力经常在这样的情境中让人感动。

需要指出的是，师生互动中的一些因教师失误而形成的结果，不应该视为"生成"。比如某位教师在这个班某环节用 3 分钟时间，得到相关数据。后来到另一个班上课，这个环节也用 3 分钟，不料由于环境变了，另一个班的学生比较紧张，3分钟内达不到足够数量，得到的材料无法进行后续学习……这种结果虽然不是老师预想的，但老师只要视情况稍微延迟一分钟，就能得到足够多的数量供后续研究。因此，这种师生互动的结果不是我们所探讨的"非预设生成"。

四、预设生成与非预设生成

"预设生成"与"非预设生成"都是师生互动的结果，两者联系密切。可以说，没有"预设生成"就不会有有意义的"非预设生成"。如果打个比方，"预设生成"是一棵树的干与叶，那么"非预设生成"就是枝头被绿叶衬托着的花果。它们相互辉映，展现学习之美。

下面以简单的分数大小比较这一内容为例，来说明"预设生成"与"非预设生成"之间的关系。

	材 料	学 习 生 成	
		过 程	结 论
预 设	$\dfrac{c}{a}$ $\dfrac{c}{b}$	略	分子相同，分母小的分数比较大
	$\dfrac{b}{a}$ $\dfrac{c}{a}$	略	分母相同，分子大的分数比较大
非预设		学生提问：$\dfrac{b}{a}$ $\dfrac{d}{c}$	分子、分母的差比较小的那个分数比较大

因此，可以说"非预设生成"往往是学生不满足于本课时的学习目标而对该知识作出的自主探究，这种探究冲动在课堂中得到老师的支持与否，对学生的学习发展可以说影响深远。每一位教师都应在努力促进预设生成的同时运用自己的智慧，去促进更多的"非预设生成"，并及时捕捉住"非预设生成"的智慧火花，让它绽放课堂的生命活力。

经历、体验与探索

在一些学习理论中把知识分为陈述性知识和程序性知识。一般说来，程序性知识是以运行结构状况存在的，过程性知识则指向于这种以运行结构为特征的知识对象。通常我们说的让学生学会学习，指的是学生能够独立按照这一运行结构完成某项学习活动。设定过程性目标的意义在于把这种作为过程的运行结构作为学习对象凸显出来，加以认识、掌握、形成运用能力，实现学会学习的目标。对过程性目标，数学课程标准常使用"经历（感受）、体验（体会）、探索"等刻画活动水平的目标动词。对于教师们来说，要理解过程性目标中的三个活动水平——即经历、体验、探索分别指什么，实际的教学实践中如何来达到这些目标，这是至关重要的。

首先，让我们来讨论经历、体验、探索这三个目标层的具体内涵。

● 经历（感受）：在特定的数学活动中，获得一些初步的经验。

● 体验（体会）：参与特定的数学活动，在具体情况中初步认识对象的特征，获得一些经验。

● 探索：主动参与特定的数学活动，通过观察、实验、推理等活动，发现对象的某些特征或与其他对象的区别和联系。

从文字表述来理解，经历、体验、探索是从低到高的三个不同层次：探索是过程性目标的高级阶段，即能够按照新认识的过程，主动开展有效的学习活动；经历是过程性目标中的初级阶段；体验是把经历的过程条理化、步骤化，定型为一个可操作的过程性结构以供内化。

因此，这三个层次的目标中，后一个目标往往依赖于前一个目标的实现。换言之，前一个目标的实现质量决定着后一个目标能否实现。因此，我们数学教师在研究如何在课堂上开展探究性学习、让学生探索的时候，首先要研究的是我们应如何把学习过程科学而有质量地展现为一个可供学生经历的时间、空间，让他们的心智得以运动，且经历这种心智运动所伴生的情绪感受。其次要研究的是体验，也即如何让学生在完成经历之后，回过头去审视自己所经历的过程。须知，学生经历的过程是一个程序性知识与陈述性知识共生的过程，且以掌握陈述性知识为指向。在完成陈述性知识的认知之后，接着让学生们审视自己所经历的过程，体会自己是通过哪些步骤掌握知识，从而把程序性知识从这个所经历的过程中凸显出来，作为一个知识内容加以认识。

为了便于理解，我们不妨用这样一个例子来说明经历、体验与探索之间的差别与联系。

事件：学生 A 跟父亲到城市甲找一住处；

经历：跟着父亲完成了这一过程；

体验：回忆父亲的寻找过程，比如——

① 买地图，确定自己的位置

② 找线路，确定公交车地点

③ 按线路地点付诸行动

探索：学生 A 独自到城市乙找一住处或在城市甲找另一住处。

鉴于以上认识，我认为以往课程标准中关于过程性目标的文字表述不够明确，因此作如下建议。

过程性目标	经历（感受）	在特定的数学活动中，获得一些初步的经验
	体验（体会）	通过对特定活动的思考，获得一些关于数学活动得以开展的经验
	探索	在问题情境中，运用经验，主动开展有效的数学活动

接着，让我们来讨论关于过程性目标的教学实践。

作为一线教师、一名教学实践者，如何在实践中达到过程性目标，始终是思考的重点。学生的学习活动可以描述为一个由简入繁、由低向高的发展过程。要让学生学会探索，教师首先得让学生去经历探索的过程，再去体会探索的过程，最后去开展探索的过程。下面以具体的课例来讨论在实际课堂教学中如何对过程性目标进行把握与追求。

课例：《质数与合数》

过程性目标	教学环节	教学材料	组织形式	环节意图
经历	材料收集	问题：写出各个自然数的全部约数	独立完成集体讲评	① 复习 ② 为后续学习准备材料，形成认知起点
	分类整理	自然数　约数 1 2 5 ⋮	观察、讨论（小组讨论和集体讨论）	选择分类标准，按分类标准区分出三类自然数
	抽象概括	只有一个约数（　） 有两个约数（　） 有两个以上约数（　）	集体讨论 教材阅读	根据分类特征，达到概念化
	数学链接	质数 自然数　合数 　　　1 　　　　奇数 自然数 　　　　偶数	师生讨论	促进知识间的融合，结构同化
	巩固练习	课后练习	书面作业	巩固知识技能
体验	过程整理	教学环节（收集→整理→概括→链接→练习）	讨论	凸显所经历的各个过程步骤，形成认识结构
探索	过程应用	问题：把下列各自然数写成几个质数相乘的形式，你能有所发现吗？	独立或小组合作	应用所认知的过程步骤，探索分解质因数的自然数特征

在上述课例设计中，过程性目标的三个层次完整地体现在同一课时中，形成一个由低而高的递进过程，最后达到探索这一过程目标。但在平时多数课中，这三个层次的过程性目标也许会各自成为某一课时的独立目标，我们这里暂不探讨。

教师将课例设计实施于课堂实践的时候，过程性目标的实现与否就取决于教师对学生学习过程的把握了。

经历、体验、探索，其实每个过程水平都与学生的探索紧密相联。学生的探索过程是在两个维度上进行的：第一个是探索过程的完成，比如从观察到分类整理，也即过程结构；第二个是某一过程中探索材料的完成，如下表。

自然数	约　　数
1	
2	
5	
9	
11	
12	
17	
20	
38	
……	……

学生通过完成上述材料，经过观察，发现约数个数有规律——有一类数的约数个数都是2，从而把这些自然数按约数个数进行分类。

因此，学生在数学活动中参与活动的水平，体现于探索材料完成的主体水平与探索过程完成的主体水平两个方面。具体来说：

经历——在经历这一过程目标水平，探索材料的完成主体是学生，探索过程的推进者是教师，教师通过问题、要求，让学生们从一个环节进行到下一个环节，最后达到目标（限于陈述性知识的认知目标）。

体验——在体验这一过程目标水平，学生在教师的引导下反思自己刚刚经历的过程，于是，学生的关注焦点从陈述性数学知识技能中转移到教师所把握的过程中来，关注自己是如何走过刚才的学习过程，也即被教师引导到元认知领域发展，把过程作为学习材料。

探索——在探索这一过程目标水平，学生既是探索材料的完成者，同时又是探索过程的推动者，他们的主体性在两个维度上得以彰显。教师成了学生自主开展探索过程的支持者，在学生的探索遇到困难的时候，给予必要的提点，排除不必要的环境干扰，保证学生有效展开探究活动。

因此，探索是过程的最终目标，经历是基础，体验则是学生由经历走向探索的泵体。教师在教学实践中，必须把探索材料组织得有吸引力，同时教学组织形式有利于集中学生的注意力，让学生在对探索材料的关注中不知不觉地经历这个过程，享受其中的乐趣。然后，在学生意犹未尽的时候，教师及时带领学生进行过程整理。因为学生的体验一方面来自教师的有意识的引导，另一方面是对经历过程所带来的情绪回味。

在学生独立探索的时候，教师应把握的是让自己走出学生的具体学习过程，从一个旁观者的角度去欣赏、去指点就可以了。

把过程作为学习内容，设定具体目标，这是十分必要的。因为只有这样，过程才能作为一个问题引起大家的重视，共同来探讨如何把过程作为一个学习内容来掌握，并且更加务实地在课堂教学中研究如何让学生有效地达到应达到的过程性目标。

丰富学生的学习方式

在学生的学习过程中，学习方式是十分重要的内容。它既是学习发展的目标之一，也是达到学习目标的基本手段。对学生学习方式的关注是新课程的标志性特征。因此，教师们对学生的"数学学习"能否树立正确的认识，关系到新的课程理念能否转化为新的课程现实。

认识一：学习方式本身无优劣之分，现实学习中没有单纯的学习方式

数学是人们对客观世界定性把握和定量刻画，逐渐抽象概括、形成方法和理论，并进行广泛应用的过程。因此，学生们的数学学习大致可以分为三种形式：

① 指向于定性把握和定量刻画的学习。这部分学习是接受人类出于认识客观世界的需要而作出的数学规定，其表现特征为模仿、记忆。

② 指向于逐渐抽象概括、形成方法和理论的学习。这部分学习具有双重性，即以探究思考的方式重复人类得出方法理论的过程，并在这一过程中接受人类业已得出的方法与理论，其特征为探究地思考、交流与合作。

③ 指向于数学应用的学习。这部分学习主要包括两大内容：首先是运用已有数学知识学习新知识，或者把新知识转化为已有知识加以解决；其次是运用所学知识解决生活实践问题。不论是前者还是后者，

都要求学生抽象出不同问题情境、不同知识内容间的内在联系，通过合作、交流自主地进行学习。

当然，在具体的学习现实中，三个方面内容的学习往往融合在同一节课或同一单元内，任何一方面的学习不可能单独存在，而是相互依存、彼此促进的。与此相对应的教学方式也是如此。

现在，许多教师、学者谈起新课程、新理念的时候，经常会论及这样的说法，如"我们要改变学生的学习方式"、"我们要变记忆性学习为探究性学习"等。总而言之，新理念的来临总伴随着对原有课堂现实的批判。这样的结果是导致在教师们的观念里，似乎单纯模仿、记忆就不是好的学习方式，只有活动、探究等学习方式才是好的学习方式。强调"动手实践、自主探究与合作交流"这三种学习方式为重要方式，言外之意，似乎模仿学习与记忆学习就显得不那么重要了。这样的结果导致了教师们的课堂实践从原来的单纯记忆模仿为重，到新课程理念下的视模仿、记忆为畏途，再也不敢直白地宣解、灌输，从一端滑向了另外一端。

事实上，模仿学习、记忆学习、操作学习、探究学习等，不论哪种学习方式，都是学生学习成长所必需的，各种学习方式最终整合为学生的学习能力。在学生的学习过程中，任何学习行为都不可能被界定为是某种单纯的学习方式，而只能是以某种学习方式为特征，兼具别种学习方式的综合性学习。

各种学习方式本身相对于学生的学习成长而言，没有优劣、轻重之分；只有在学生的不同年龄阶段，针对不同的学习内容，学习方式才能表现其不同的适宜性。同样，相对于学习方式而言的教学方式也是如此，并非灌输式教学一定不好，也并非启发式教学一定就好，离开了具体的对象、具体的学习内容，所有教学方法应该有同样的价值。

因此，有效的数学学习活动不能单纯地依赖模仿与记忆，动手实践、自主探究与合作交流同样是学生学习数学的重要方式。

认识二：在丰富的学习方式之上生成主体个性化的学习能力

在班级学习条件下，由于学生所处的文化环境、家庭背景和自身认识事物的特点有所不同，对课堂学习方式必然提出不同的要求，部分学生喜欢的认识方式对于另一部分学生来说也许别扭。从学习情绪的角度看，学生如果较长时间面对同一种学习方式，他们（特别是理性发展较弱的小学生）会不自觉地游离于学习活动之外。因此，丰富的学习方式，是让每一位学生在用自己较习惯的方式开展学习的同时，也能运用一些别的同学较习惯的方式开展学习，或者从一个角度欣赏他人、用自己不擅长的方式学习，从而丰富自己的学习体会，整合成自己个性化的学习能力。

在教学实践中，丰富学生的学习方式，既可以以一个课时作为时空条件，也可以以一个单元作为时空条件。只要教师树立了丰富学生学习方式这一正确理念，就不会允许自己以单一的教学方式面对众多活生生的学生，也不会因为追求某种流行的教学方式而把原来有效的抛弃。

丰富学生的学习方式，要求教师努力提高自己的教学素养，根据具体的学生、具体的材料，适时地选择有效的学习方式。只有丰富了学生的学习方式，课堂，才能真正焕发出生命的活力，具有生长的力量。

学习方式之探究性学习

从学习水平的发展过程来看，最初发展起来的应是以识记为主要特征的接受性学习。随着学业发展，最终形成的是以创新为主要特征的研究性学习。人类主要通过这两种学习方式达到知识的传承与创新，以推动人类文明的不断进步。

就学生个体而言，并非所有主体都能形成这两种学习能力，有的学生一直停留在接受性学习水平，研究性学习始终发展不起来，直至成人，从而阻碍了主体成为一个具有创新意义的人才。对于教育者来说，通过自己的教学，促进学生由单纯的接受性学习到研究性学习的发展，具有重要的现实意义。

考察接受性学习与研究性学习的区别与联系，是促进学生学习水平得以发展的必要前提。对于具有创新能力的人才来说，这两种学习能力是始终交织在一起发展的，同积累、接受新的知识与发现、建立新的学说紧密相联。至于其区别，从不同的角度出发就有不同的解释，通过各种解释，我认为其主要区别在于研究性学习中所蕴含的主体的研究心向，研究心向的强弱程度决定了主体研究性学习的发展水平。换言之，在主体从接受性学习到研究性学习的发展过程中，教育者要以适当的形式培养学习者的研究心向，但这种培养形式须依托于接受性学习。即以接受现有结论为主，又具有研究的性质，体会研究带来的精神愉悦，并且能在课堂上有效地开展。我把这种处于接受性学习与研究性学习之间的，体现教师对于学生学习水平促进作用的过渡型学习，称为探究性课堂学习，它兼具了接受性学习与研究性学习的部分特征，即以创新的形式完成对现有知识成果的接受性学习。

数学是自然科学之母，数学知识是人类对整个自然规律进行探索，不断研究所取得的知识成果的积累，诸如概念的形成、法则的推演、公式的推导以及运用知识对一些数学问题的解决等，都能体现一个较为完整的演绎过程，而这个演绎过程又是已经完成了的、成为知识定论的学科内容。因此，这些内容不仅是学生需要接受的学科知识，同时更是学生尝试研究、积累研究感情的有利题材，是在数学课堂中开展探究性学习的有利条件。为此，在小学数学教学中，支持学生开展探究性学习是可行的，对于学生学习能力的发展，最终形成研究能力与创新能力具有十分重要的意义。下面对如何就小学生开展探究性课堂学习的支持策略作如下思考与实践。

一、"探究驱动"支持策略

小学生开展探究性课堂学习必须解决两个问题：愿不愿意与能不能。"探究驱动"即是愿不愿的问题，完整地说，即学生愿意开展探究性课堂学习吗？因为没有学生的主动积极性，探究性学习是无从开展实施的。这是它与接受性学习的区别所在，也是与研究性学习的相通之处。因此，"探究驱动"的支持策略，目的就是凸显学生在学习中的主体作用，以及与主体作用相吻合的主体心态。

1. 树立"服务探究"的课堂教学理念

探究性学习与接受性学习的区别在于，学生从接受教师传授的主体转变为主动开展学习活动的主体。而实现这一转变的主变量是教师，因为学生的学习角色的定位是服从于教师的教学角色的定位的，有什么样的教师角色就相应地有什么样的学生角色。

在探究性学习中，学生是完成学习活动的主体，知识是在主体的探究活动中渐渐显露以至明了的。这一活动过程对于教师来说是了然于胸的，而对于学生来说则是全新的。学生在完成这一活动的进程中，必须得到及时的支持与帮助——如同一支作战的先锋部队必须得到后勤给养的保障一样。这种保障力量就来自教师的全程服务，没有教师的服务，学生的探究活动往往会半途而废。

服务，是以需要为前提的，教师的服务工作须围绕三个方面的需要加以开展。一是探究活动所指向的终极目标，也即本学时活动的教学目标，需要通过教师的服务，保证学生的探究活动走向正确的方向。对于小学生来说，他们在探究过程中容易被一些有趣的现象吸引，从而忘了探究活动的主旨。二是探究活动的主体开展探究活动的需要，比如适当的场地环境，适当的材料内容。三是学生提升探究活动质量的需要。不同的学生个人与群体所开展的探究活动的质量是有差别的，这种差别既表现在横向的不同主体的比较上，同时也表现在同一主体纵向的比较上，教师的服务工作就是通过各种交流，以最有效的方法提升学习主体探究活动的质量。

为学生的学习服务，对于教师来说并不是件容易的事。从一个学习活动的专制者转变为学习活动的服务者，是一个教学艺术的蜕变过程。树立以"服务学生学习"为核心的课堂教学观，则是实现这一蜕变的前提条件，也是探究性课堂学习得以开展的前提条件。

2. 培育以"好奇心为基础"的探究心向

人的任何有意义的活动都离不开与活动相适应的主体的认识与情感基础。探究性学习作为提升小学生学习层次的一种课堂学习形式，对小学生的认识与情感基础提出了更高要求。与接受性学习相比，开展接受性学习的主体固然需要主体的主动参与，但是，主体在丧失主动性的前提下也能被动地接受学习，而探究性学习如果失去了主体的主动性，则探究也就不成其为探究了。因此，有效地开展探究性学习，必须十分关注小学生们关于学习活动的心理基础，使其成为探究活动的动力源泉。

好奇心是人类探索自然，并进一步改善自然的最初始动力。小学生的好奇心是该年龄阶段开展探究活动的心理基础，对于周遭世界、书本知识都能表现出积极的求知欲，这种求知欲是以他们的好奇心为依托的。研究表明，小学生在成长过程中，随着知识的增加，好奇心会不断地减弱，以至于对周边问题熟视无睹，失去创造力。因此，作为探究性学习的指导者，必须明白学生的好奇心有其与生俱来的内容，教育应促使好奇心的进一步发展，而非渐趋式微。

相对于某一内容来说，好奇心源于对结果的未知。当这一内容对于主体不仅结果未知，且以某种有趣的现象显现时，最易引起主体的好奇心，好奇心随着对现象了解的深入而趋渐强，形成探究动力，在获取现象的结果之后而趋渐弱。这一过程的不断重复积累，渐渐形成较为稳定的属于主体特征的探究心向。

从课堂学习的指导角度出发，小学生的好奇心，不仅需要教师的激发，更需要教师的呵护。呵护，是为了让学生心灵深处对自然界的好奇之火不会泯灭，这就需要教师时时刻刻善待学生的好奇之心，不仅于课堂之内，更于课堂之外。当学生因为好奇冲动而加以提问或付诸行动，决不能因为此时的提问与行动有悖于此时的教学秩序或教师心情或教学常理而加以呵斥，而应待以妥善之办法。并在此基础上以适当的形式加以激发，让好奇之火熊熊燃烧。

基于以上认识，教师指导学生开展探究性课堂学习能否成功，对于学生好奇心的把握与驾驭艺术就显得至关重要。在实践过程中，对于一次成功的探究性课堂学习的指导，教师须把握以下两方面的内容。

首先是保证所探究的知识相对于学生的陌生与未知。通常来说，探究的知识当然是学生未知的知识，但事实上在现在的学校教学中，未学习的数学知识被各种各样的形式先于课堂学习被学生接触着，这些形式包括教材对后续学习内容的渗透、非学校媒体的宣教等，更重要的是许多数学教师布置给学生的预习作业。预习，是学习的一个环节，许多教育工作者认为预习是很重要的，在预习中发现问题，带着问题去听课，效果会很好。这种观点乍一看，似乎很有道理，事实上却不尽然，因为这些教育工作者忽视了我们所面对的主体是小学生。对于小学生来说，结果是最重要的，知识的预习意义就是看了结果状态的知识内容，知其然后，对所以然往往缺乏追究能力。因此，有部分小学生对知识内容说懂的时候往往不知道自己其实是懂错了，至于带着问题去听课只能是美好的理想。并且，在他们了解数学知识的结果之后，他们在课堂上急于表现对知识结果的了解，从而对知识的探究过程失去耐心，更别提好奇心了。

其次，保证所探究知识以一种适宜的现象呈现给学生。这是小学生的思维与行动都具有情境化特征的需要。在教学实践中，有的以故事的形式，有的以实验的形式，有的以活动的形式等不一而足，而这些各种各样的呈现方式要有助于学生开展后续的探究活动，则必须符合小学生年龄阶段的生活审美特征，必须较显著地凸显所探索知识的问题特征，以便小学生们在呈现的问题情境中不由自主地走入问题的探究过程中。

3. 制定"互动合作"的探究规则

纪律是活动的保证，没有良好的纪律，就不会有良好的学习质量。探究性学习，作为一种体现学生主体性的学习方式，其纪律要求就有别于垂直式的接受性学习，因为它更强调宽松、个性、互动与自律。

探究性课堂学习的学习规则不是由某人或某几个人制定的，而是由全体探究性学习的参与者，在探究过程中因为学习需要，在彼此互动合作中约定俗成的。因为学生们已经成为学习纪律的需要者，他们在学习过程中，需要排除干扰，需要互相帮助，他们对纪律的需要是很朴素的，如同他们在游戏过程中需要规则。而就是这种被大人们忽视的游戏规则，被所有参与游戏的学生视为"天条"，自觉遵守。因为破坏这种游戏的结果不是遭受老师的批评，而是被同伴排除在游戏圈外，这种被同伴排除的后果成为大家遵守规则的强制力。

探究性学习之所以能形成这种以学生为主的探究规则，其根本之处在于探究性学习对于学生来说，像游戏一样有趣，于是，他们自然而然把游戏时的那朴素的规则意识带入课堂。

因此，教师应充分认识这种规则对课堂学习带来的革命性，认识到不一样的学习方式就会有不一样的规则要求，专制统一的规则有助于接受性学习，却会扼杀探究性学习。在探究性学习的指导过程中，要专注于活动内质，不要苛求于活动的表现。要相信学生们的规则制定与维护能力。据我的体会，在小组学习中，一个不守规则的小学生其实非常在乎其他几位同学的指责。

"探究驱动"的支持策略其实关注的是教师与学生如何进行心灵沟通，以营造心态环境、激发学生学习积极性的方法问题。这一问题是所有课堂学习中教师都应关注的问题，但在探究性课堂学习中尤为重要。

二、"探究行动"的支持策略

学生乐于开展探究性学习，也即解决了愿不愿意的问题，之后必须解决能不能的问题。探究性学习对于小学生来说是一种全新的学习方式，且探究性学习比接受性学习更具难度。因此，有许多小学生在探究活动进行一段时间后，会放弃原来的探究活动。放弃的原因一方面是由于不知如何进入下一探究环节，另一方面是由于没法解决某一环节。因此，给予学生的探究行动以必要的支持，是学生学会探究性学习，从简单探究活动向复杂探究活动发展的必要条件。

在教学实践中，我体会到对"探究性学习"的支持需要有一个从主动支持到被动支持的把握过程，这一过程对于学生来说则是由被动接受支持发展至主动寻求支持。

1. "探究行动"的主动支持

一般在学生开展探究性学习活动的起步阶段，教师需要给予比较全面的支持帮助，让学生们能比较容易地体验到探究性学习的全过程，建立对探究性学习的感性认识。并且，教师支持的形式要多样化，根据知识内容与学生的认知特点与认知水平，以适当的形式给予适宜的支持。

(1) 通过"探究提纲"给予支持

探究性学习从探究提纲开始是比较合适的。以乘法分配律为例，在开展探究性课堂学习时，发给每组学生一张探究提纲。

1. 请完成下列材料。

$27 \times 4 + 27 \times 6 =$

$12 \times (13 + 7) =$

$15 \times 21 - 15 \times 11 =$

$12 \times 13 + 12 \times 7 =$

$25 \times 14 - 25 \times 10 =$

$25 \times (14 - 10) =$

$27 \times (4 + 6) =$

2. 观察上述材料，根据你的观察所得，将这些题目进行合理分类，并进行整理。

3. 根据你的分类整理，试着研究，把研究所得告诉你的同伴。

4. 你能得出什么结论吗？

　　在探究性学习的过程中，这种以提纲的形式给予支持与引导是比较可行的，且比较适宜于以归纳发现为思维特征的学习材料。学生们根据提纲提供的材料一个问题一个问题地加以解决，就完成了一个探究性学习的体验过程。随着这一过程的不断重复，提纲结构将会被学生内化，从而为他们将来开展探究性学习或研究性学习的方案设计打下基础。

（2）通过"资料链接"给予支持

资料链接是在学生探究某一学习内容遇到思维障碍时，教师提供与新材料有内在联系的熟悉材料，使学生在新旧材料之间得到启示，从而有助于其进一步探究学习。

以分数乘以整数为例：

$$\frac{2}{7} \times 3 = ?$$

在学生探究过程中会出现以下三种情况：

$$\frac{2}{7} \times 3 = \frac{2 \times 3}{7} = \frac{6}{7}$$

$$\frac{2}{7} \times 3 = \frac{2}{7 \times 3} = \frac{2}{21}$$

$$\frac{2}{7} \times 3 = \frac{2 \times 3}{7 \times 3} = \frac{6}{21}$$

这三种情况的出现在学生没有预习的情况下是正常的。到底哪一种方法对呢？老师提供了如下材料：

$2 + 2 + 2 =$	$\frac{2}{7} + \frac{2}{7} + \frac{2}{7}$
$2 \times 3 =$	$\frac{2}{7} \times 3$

通过这一材料，学生在新、旧知识之间发生了链接，对分数乘以整数的探究活动豁然开朗。接着总结计算法则，对其他错误的计算方法也印象深刻，从而提高计算正确率。

相关材料的链接，主要是促进学生新、旧知识间的正迁移。这种支持策略对于学生学习能力的发展是非常有帮助的，在学生学习策略上体现了利用已有知识解决新问题的问题解决意识，从而为其将来在研究性学习中寻找相关材料打下基础。

（3）通过"操作设计"给予支持

在数学内容的探究过程中，学生有时候会因为思维成熟度的原因，或者因为对问题情境的陌生，使得一些本该顺利的探究活动停滞下来。在这种情况下，就需要教师及时通过活动设计，将较为抽象的思维材料转化为具体的操作材料，让学生在操作过程中，体悟数学问题的本质所在，从而使探究活动得以进一步开展。

在如今的数学课堂教学中，这方面的研究是比较多的，好的例子也不少，这里不多赘述。

（4）通过"教学组织"给予支持

在学生开展探究性课堂学习的过程中，不同的学生（组）在不同的时段，面对相同的材料，往往会有不同的探究成果，而取得的这些探究成果有可能正是全部成果中的一部分或一个侧面。这时候，如果教师将反映某一问题两个属性的学生（组）组合到一起，他们就会从对方的探究成果中得到启示，从而形成较为完整的研究成果，推动探究活动的进一步进行。这种支持行为在探究性课堂学习的进程中是十分必要的，因为从别人的探究成果中获得启发，或者吸收他人探究成果中的合理成分以完善自己的探究成果，是探究性课堂学习所要培养的一种十分重要的素质。因此，在实践中，有时探究性学习开始时，班级有十来个学习组，往往到后来也许只有两三个学习组。学习过程中的这种组合是在教师引导下进行的，习惯上把这种引导称为探究性课堂学习中的"探究拼盘"，它是支持学生探究活动的有效办法。

以前文"通过'探究提纲'给予支持"中的材料"探究提纲"（详见本书第125—126页）为例：

A 组按得数相等进行分类，共分三组（略）

B 组按运算格式进行分类，共分三组（略）

在将 A、B 两组进行拼盘后，他们吸收各自优点，得到如下分类：

$27 \times 4 + 27 \times 6 = 27 \times (4 + 6)$

$12 \times 13 + 12 \times 7 = 12 \times (13 + 7)$

$25 \times 14 - 25 \times 10 = 25 \times (14 - 10)$

这种分类成果就为后续探究提供了基础。

（5）通过"探究延伸"给予支持

在探究性学习活动中，学生有时候能够得到书本知识结论以外的新的知识结论。比如在异分母分数大小比较方法的探究过程中，除去通分比较这一书本知识外，有学生提出另一结论，即"一个最简分数，分子、分母的差越小，它的值越大；在差相等的情况下，分子、分母数大的那个分数大"。

这个结论是否正确，学生对此十分有兴趣。有的学生通过举例，发现是对的，而这个方法比通分比较大小来得简单，教师在短时间又无法确认。这时，就需要作"探究延伸"，课堂上无法完成的探究活动延伸到学生的课外，开展研究性学习。

2."探究行动"的被动支持

随着探究性学习的不断开展，学生进行探究学习的能力慢慢形成，这时，教师对学生探究学习活动的支持也要从主动状态慢慢调整到被动状态。这一调整的过程对于学生来说是一个从扶到放的过程中，也是形成能力的过程。

教师对学生探究性学习的被动支持与主动支持在本质上没有区别，都是积极的。被动，是一种等待状况下的主动，即在学生发生问题寻求支援时才给予必要的支持、帮助、鼓励。这种等待是对学生学习能力的期待与信任，同时，也在另一个层面上进一步培养了学生探究性课堂学习的能力。

实践告诉我们，不论是主动支持还是被动支持，要使支持有效，则教师在探究行动的支持过程中必须把握好以下几个问题。

首先，探究性学习没有统一的模式，学生可在探究的过程中因其内容与学生的不同而不同。探究性学习吸引学生的最大魅力在于，每一位学生都可以从探究过程中有所体会，有所体验，有所收获，并在体验收获的过程中作探究成果的交流与融和，而不论这种融和发展到何种水平。教师的所有工作就是在一个设计的框架内推动学生的探究活动，并以一位欣赏者的眼光给予及时的赞美与激励。

其次，探究性学习必须从一个合理的起点开始。这个起点既关系到学生的探究驱动，更关系着探究活动的过程质量。因此，在探究行动的支持过程中，教师要不断给学生以铺垫，以使学生的水平与探究活动的起点趋于协调，从而使得探究活动成为可能。

第三，在探究性课堂学习的过程中，教师要善于组织教材。因为探究性学习与接受性学习相比，对新知识的理解更费时间，但是，由于探究性学习对数学原理性知识的理解更为深刻透彻，对应用原理的例题理解相对就容易一些。因此，教师对教材的把握应从知识块入手，而不要从知识点入手，这是探究性学习对教师提出的另一基本要求。

三、"探究认知"的支持策略

小学生在开展探究性学习过程中，教师必须用一定的时间向学生宣讲关于学习方法的知识。学生了解并掌握这些知识，有助于其开展探究性学习，并从被动走向自觉，增强实施探究性学习的意志力。实践中，这种"探究认知"的支持策略体现在两个方面：

一个方面是通过学法小讲座的形式，向学生宣讲"我们该如何学习"。在适当的时候让学生体验两种学习方法的不同，了解最后必须从事没有现成答案的研究性学习，并且告诉他们接受性学习与探究性学习的不同及各自的应用特点。

另一方面是以校本课程开发的形式培养学生对思维方法的认识并形成能力。比如如何开展扩散性思维与聚合性思维，如何在问题决策中列举正反要点，如何表征自己的思考成果与倾听他人的成果表征等。为学习设置一个有力的配套工程，可以在很大程度上提高学生探究学习的容量与质量。

四、"探究分享"的支持策略

如果说探究学习最初得益于小学生们的好奇心，那么学生开展探究学习的稳定动力，学生从教师引导下的探究行为提升为明晰自觉的探究学习所需的支持力，则来自于探究学习给学生所带来的体验——一种具有享受功能的体验。这种享受有的来自于艰苦实验思考后的快感，有的来自于学生合作的温馨，有的来自于有他人（教师）一个物态或一句有意语言引导下的顿悟，等等。这种享受是学生们乐于开展探究性学习，并把课堂中学习到的探究能力与探究心向最终带到课外、社会，开展研究性学习的心理基础的主要部分。

因此，教师在学生开展探究性课堂学习的每一个环节，都要积极参与分享学生的探究成果。因为每一位学生面对自己的探究成果都是如此的激动，这种激动是学习过程中最值得珍惜的，要把它凸显出来。凸显的方法很多，比如喝彩，比如命名，比如拥抱，比如成果宣告等，要想方设法把学生的探究激动传递给每一位成员，分享快乐。

当然，快乐要分享，失败也要分享。这主要是指学生的探究成果被证明是错误的时候，学生的激动心情会被一种沮丧情绪所替代。这时候，不论是教师还是同学，都不要把他们错误的探究成果弃而不顾，而应用一定的时间来寻找这一错误成果中的合理部分，或者发现这一成果中不同一般的精彩部分加以凸显。这样，获得错误成果的学生会感谢老师、同学的好意，同时，在成果的解剖过程中审视了自己的探究过程，不因错误而失去信心，因为有许多的同学和老师在分享。

在小学生的整个数学课堂学习进程中，能否形成探究性学习能力，对于其今后的可持续发展是至关重要的。因此，作为小学数学教师，以适当的方式，指导学生开展探究性学习并形成能力，促进学生研究性学习能力的最终生成，是十分有意义的。

学习方式之数学欣赏

——以《怎样求出地图的面积》为例

一、教学流程

1. 导入课题

2. 出示问题

观察下图，怎样求出这张地图的面积？

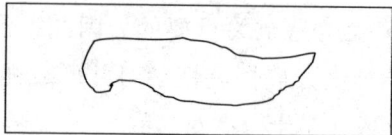

3. 学生分组讨论

地图上没有任何具体数据。题目要学生回答的是解决策略，并非具体算式。因此，学生的讨论没有涉及具体数据，其策略基本上局限于组合图形的面积计算，但由于边线为不规则曲线，因此，按这一策略得到的是一个存在较大误差的结果，学生为此感到十分困惑。

4. 问题解决欣赏一

（1）引导学生观摩问题解决的具体过程（课件展示）

① 沿不规则边线剪下地图；

② 把地图贴在一块较厚的纤维板上；

③ 用细木锯沿边线锯下木板；

④ 称出木板的重量并量出厚度；

⑤ 在这种纤维板上锯一块体积为 1 立方厘米的木块，并称出重量；

⑥ 算出锯下的木板的体积（总重量÷每立方厘米的重量）；

⑦ 用体积除以厚度得出底面积。

（2）引导学生讨论：我们为什么没有想到这种解决方法？

讨论中比较有代表性的想法有两种：① 赞叹：这种方法好棒啊！

② 反思：我们总是从平面图形的角度思考，想不到还可以是立体的。

（3）这种方法对你有启发吗？你能想出新策略吗？

生1：我也把它剪下来，卷成一团扔进水里，看水深是多少，算出水的体积。

生2：纸团沉不到水里。

生3：纸的厚度量不出。

生4：很多张纸一起量就好了。

生5：我看把纸变成铁皮。

生6：那跟电脑里的不是一样？

（4）欣赏小结（略）

5. 问题解决欣赏二

（1）引导学生观摩问题解决的过程（课件展示）

① 找一张 1 平方米的纸；

② 剪下地图，将地图与 1 平方米的纸放于雨下；

③ 数出地图与 1 平方米纸上的雨点数；

④ 雨点数之比就是面积之比，从而算出地图的面积。

（2）组织学生讨论

学生们均对雨点数表示怀疑，认为这个方法有点牵强附会。

（3）讨论：这种解决策略对我们有启发吗？

生：我对这种解决策略提点修改意见。

师：很好，我们等着欣赏。

生：地图和纸不要去接雨点，其实称重量更好，重量之比也就是面积之比。（课堂上响起了掌声）

6. 欣赏小结

师：请同学们谈谈自己的体会。（重新播放展示两种解题策略的课件）

生1：我认为转化为体积比较精确。

生2：我认为第二种比较好，有一种出乎意料的感觉。

生3：我认为××同学的补充真棒。

生4：我们的思路不够开阔，他们求面积都不是从面积的角度去思考。

生5：我觉得真有收获。

二、课后反思

1. 欣赏学习，一种有意义的数学学习方式

思维欣赏课，是通过把一些精心选择的问题解决过程呈现给学生，让学生从这些出人意料的解决策略中体会到思维方式所带来的精彩，从而对寻求优质的解决策略产生积极情感，并自觉地审视自己的思维质量，帮助自己改善思维方式的过程。

对学生来说，欣赏应该是一种有意义的学习方式，一种有别于接受性学习与研究性（探究性）学习的另一种新的学习方式，因为接受性学习与研究性（探究性）学习是基于学生的认知能力并以其发展认知能力为特征的，而欣赏性学习则是基于学生的元认知能力并以其发展元认知能力为特征的。

事实上，欣赏作为一种学习方式，对于学生来说并不陌生，美术、音乐、文学都比较注重欣赏。欣赏性学习在学生的生活中也比比皆是。比如，某位学生看到好朋友做了一个非常有趣的小玩意，便也想再做一个。欣赏学习有时具有模仿的性质，但又不是简单的模仿接受学习，其根本区别在于欣赏学习是处于心智的愉悦中，是对自己能力表现审视之后进行的再学习。

思维欣赏课以培养学生有意识地开展有意义的欣赏性学习能力为目的，让学生意识到散落于生活中的不经意的欣赏学习是学习能力的

重要组成部分。因此，上好思维欣赏课，对于学生的学习发展来说是十分有意义的。

数学欣赏课的材料一般以选择应用材料为主，通过建立数学模型来解决问题。数学欣赏课的结构大致由如下环节构成。

环节	学习方式	意图
练习		让学生了解自身发展状况，形成欣赏起点
欣赏 练习	观察学习	个体自主欣赏
	交流	群体互动欣赏
		改善自身的发展状况，形成新的欣赏起点
小结		交流学习心得，整合欣赏能力

数学欣赏课的课堂组织形式可以采用较为松散的茶座式，因为它的主要表达形式为语言和情绪，没有确定的书面作业。

2. 欣赏学习，一种被忽视了的数学学习方式

在学生的数学学习过程中，我们讨论得比较多的是模仿与记忆、动手实践、自主探索和合作交流。我们没有把欣赏作为一种学习方式加以强调，究其原因是因为我们关注于让学生学会基本知识与基本技能的能力，而忽视了学生提高基本知识与基本技能质量的能力。比如面积知识与求面积的基本技能，起点是学生的生活经验，可以用模仿、记忆或探究的方式学习。而前面课例的起点是学生已具备了面积知识技能，学习是把这部分知识与别的知识融会贯通，这就要依靠知识掌握的质量。

俗话说，入门靠老师，修业在自己。因此，教师往往重在入门，轻在修业。但从学生可持续发展的角度来看，修业的方法也是需要教师指点的，欣赏性学习能力的培养，正是让学生在自我修业上得到进步。

也许是平时很少接触思维欣赏课的原因，学生对思维欣赏课表现出了积极的态度。

3. 欣赏学习，研究与实践工作任重而道远

欣赏学习作为发展元认知能力的有效形式，有助于学生提高知识掌握的质量，它无疑应该受到每一个教育工作者的重视。欣赏学习可以作为一个完整的课时存在，也可以作为某一环节存在于课时之中。

欣赏，是一种学习方式，也是学习动因之一，同时也是学习目的之一。

将欣赏学习作为数学学习中的学习方式，丰富学生的学习方式，让学生最终形成富于个性的学习能力，是我们教师的责任。

但是，由于平时我们对数学学习中的欣赏学习认识较少，欣赏学习作为一种学习方式，对它的意义、价值、机制、流程等都缺乏详尽的研究，用于学生欣赏的数学材料也十分匮乏。因此，这里仅仅用课时反思的形式提出一个问题，起到抛砖引玉的作用，衷心希望同行们一起来开展关于数学欣赏学习的研究。

下编

种子课，
为了每一个人的生长

叶圣陶先生说，学生"跟种子一样，全都是有生命的，能自己发育，自己成长的；给他们充分的合适的条件，他们就能成为有用之才。所谓办教育，最主要的就是给受教育者提供充分的合适条件"。种子课就是合适学生生长的条件之一。

教师对种子课的认识也是其专业发展的结果——如果将教师的专业发展视为一个生命体，那么，这个生命体如同世上所有生命一样，是可以描述为若干个显性阶段的。当发展至一定时候，他们便能了然课与课之间的差别，了解学生的特点，帮助学生成长。

一、感悟学生发展

❀ 导　语 ❀

　　教材是成人编的，成人经常将自己的想法变成学生的想法，想当然地以为学生是怎么想的。当学生的想法异于成人时，我们把它定义为错误。我们体会过学生面对错误时的无奈吗？学生为什么渐渐失去学习的激情或动力？难道不是一次一次的无奈堆积而造成的吗？

　　为什么我们成人如此理直气壮？因为我们认为学生是一张白纸，可以任意涂鸦。

　　事实上，学生绝非一张白纸，而是一颗种子，她带有太阳的能量，带有生长收藏的密码，带有春夏秋冬的记忆。因为是颗种子，所以她随时都在生长，随时都准备生长。但是，种子也会发不出芽，发了芽也可能夭折。

　　当我们视学生为白纸，我们会有优越感；当我们视学生为种子，我们会有敬畏感。

　　还是举几个例子，来体会我们的学生，作为种子的学生。

体会童言童智

在数学课堂上，若课堂气氛比较宽松，经常会冷不丁听到几句充满童稚的语言。经历中最早听到的是在学习自然数这一知识时，学生冷不丁地冒出一句"一条阳光"，居然把自然数有最小、个数无限等知识一而概之了。时间久了之后，发现学生在课堂中的许多"童言"是十分有"童趣"的，并给我们的教学带来许多思考。

童言之一：这是个"破"圆

在小学里，平面图形都是封闭图形，所以，数学教师在图形认识中通常会强调"封闭"。为了强化学生对封闭的理解，通常在课堂练习中会设计一个反例，比如在认识圆后，老师会出一道判断题，请学生判断这个图形是不是圆（如右图）。

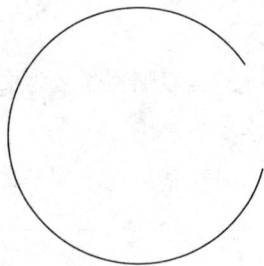

正确的回答应该是"不是圆"，理由是"不封闭"。

但是，在课堂上我听到学生说："它是破圆。"

同伴们有发笑的。权当他逗笑，问题是："破圆是圆吗?"

同样的问题，在三角形认识中也遇到学生的一些童言，如请判断这个图形是三角形吗?（如右图）

正确的回答是"不是三角形"，理由是"三角形是由三条线段围成的，这个图形的一条边不是线

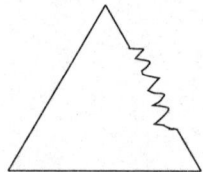

段"。

可是有的学生开始嘀咕:"它是被咬了一口。"

有的学生接着发表意见:"这是个破三角。"

接下来的问题是:"被咬了一口的三角形还是三角形吗?""破的三角形是不是三角形?"

感悟:"破圆"衔接了经验与科学之间的裂痕

学生在生活中有许多关于图形的经验,这些生活中的图形经验具有多样性。在数学学科中,圆形和三角形是十分纯粹的,不是封闭的就不是圆形或三角形。而这种学科图形的纯粹性与生活图形的多样性之间,学生会有许多困惑。

比如,学生吃一个圆饼,这个饼当然是圆的,咬掉一口后,这个饼当然也是圆的,不会说咬了一口就不是圆的。而在数学学科中,咬了一口后就不是定义的圆了。

再比如后面带折线的三角形,已是一个封闭的图形了,这个图形在生活中怎么看都是个三角形,怎么到数学书中就不是三角形了呢?如果不是三角形,那么是什么形呢?这会给学习中的学生带来深刻的不解,于是,他们会在学习中慢慢形成一种观念:数学是数学,生活是生活。这样的结果是:学生把数学视为与生活是没有关系的,而有意回避生活经验对数学学习的支撑。这在数学学习中是一种很糟糕的状态,而这种糟糕的结果又是一种正确答案的结果。教师可能也认识不到,像这类问题给学生学习带来的巨大后患。

而对如何回避这种后患,学生已得到了很好的解决:一个破圆(破三角)而已。

判断一个圆(三角形)为破圆(破三角),学生至少已经有了纯粹的关于圆(三角形)的认识,现有图形与标准图形比较存在差别,这种差别被表达为"破",从而承接而非否定了生活中关于图形的经验。这是十分有意义的。

童言之二：我只是估准了

练习册中有这样一道题目：估算 120×15。

学生的答案有：2400、1500、2000、1800。

这么多答案！在练习反馈的时候，我将这些答案呈现给学生，请学生谈谈想法，学生的想法基本概括如下。

2400 是正确的，把 15 看成 20，$120 \times 20 = 2400$；

1500 是正确的，把 120 看成 100，$100 \times 15 = 1500$；

2000 是正确的，把 120 看成 100，把 15 看成 20，$100 \times 20 = 2000$；

1800 是错误的，因为它是 120 和 15 相乘，没有近似过。

关于 1800 的答案，有学生愤愤不平地认为，如果 1800 对就太不公平，因为"我们做估算是多么辛苦"（这些学生认为做估算比做精算累）。

问答案为 1800 的那位学生："有什么想法吗？"

学生嘀咕："我只是估得太准了，这样也错吗？"

"估准"是什么意思？"估对"与"估准"有区别吗？可不可以说 2400 是估对了，而 1800 是估准了呢？估准是一种估算还是一种精算呢？

我将这一问题求教于学校的老师，作为校本教研的素材，让老师们畅所欲言。

观点一：精算是精算，估算是估算

持这种观点的老师认为 1800 是错的，理由概要如下。

这个学生得出 1800，很可能是竖式得来的，如果进行竖式计算就不是估算。

如果没有用竖式，口算也是可以的——$120 \times 10 + 120 \times 5 = 1800$，但这也不是估算。

或者 $120 \times 30 \div 2 = 3600 \div 2 = 1800$，但这是速算，也不是估算。因此，1800 在估算的题意要求下是不对的。

观点二：精算是一种估算

估算 120×15，结果最大是 2400，最小是 1500，把这些数表示于数轴，可以认为在 1500 至 2400 之间的点都可以是 120×15 的可能值（如下图）。

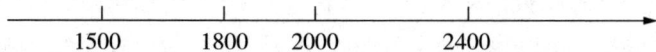

显然，1800 在这个区间之中。因此，精算本身是一种估算。因此，应该判 1800 正确。

观点三：估算是一种精算

简单来说，$25 + 71$ 等于 96 是精算，如果题目不是要求计算 $25 + 71$ 等于多少，而是要求比较 $25 + 71$ 和 $34 + 52$ 的大小，那么我们只要算出 $25 + 71$ 是 $20 + 70$ 大约等于 90，$34 + 52$ 是 $30 + 50$ 大约等于 80，所以 $25 + 71 > 34 + 52$。那么，这就运用了我们通常说的估算了。

问题是：$20 + 70$ 是 90，这一步计算本身是一种精算，只因为十位数计算好之后已经能解决问题，个位上的精算就省略了。以此来看，估算只是一种未完成的精算而已。

那么，试商是估算吗？如 $8 \overline{)250}$。

十位试商为 3，这个 3 是估出来的吗？不是的。这个 3 是精算而来的，$3 \times 8 = 24$ 比 25 小 1，因此 3 是合适的。

可以认为，试商是一个基于精算的尝试。

感悟：直透本质的"童智"

成人世界有一个寓言，叫《皇帝的新装》，在成人世界煞有介事地从事一项仪式时，孩童的一句话往往令全体成人尴尬于成人世界的追求。因此，成人世界经常为了追求一种效果而对本质漠视。

作为类比，在成人世界中，我们把计算区分为精算与估算，认为有的地方需要精算，有的地方估算就可以了，并且发现在成人生活的世界中，估算是解决问题时更常用的计算方法。于是，在现在的数学学科中，强化了估算教学，这看起来是很有道理的。但是，学生呢？

他们是怎么看估算和精算的呢？

现在，我作为一个小学数学老师，试着去理解孩子们关于计算的发展。

个人认为，孩子们在小学里学习精算之前，他们的孩童生活中也存在着数的认识和数的运算，只是在这个阶段的数的认识与数的运算是混沌的，它的显性表现就是关于"多"与"少"的概念的表达。孩子们在学前能知道谁"多"，个人认为，这就是在混沌中已有估算。当孩子们进入小学学习，他们只是把"多"与"少"的概念清晰化、明确起来——明确到以"1"为计算单位，再发展到以"0.1"为计算单位……他们对数学的追求就是更精确的计算。

那么，估算是什么呢？估算应该是学生将精算运用于问题解决时，发现不完整的精算也能解决问题，从而将精算适可而止，以节约时间和精力的一种对策。这种"估算"与学前学生"混沌"中的"估算"并不是一回事。

结语：聆听童言，一种尊重学生的方式

尊重学生，是评估教育发展的一个视角；如何尊重学生，这才是这个问题的根本。窃以为，不以大人的思维代替学生的思维就是一种尊重，不代替的前提是知道学生是怎样想的。而要知道学生是怎样想的，须聆听学生的声音，其中冷不丁冒出的童言，则是学生们最真实思想的显现。它不是对成人世界的翻版与重复，而是来自地底的涌泉。

对学困生的观察与思考

感悟一：补课不是解决问题的办法

1986 年我中师毕业在小学里教数学，班里有三个数学学习困难的学生，采用的办法是课上多提问，不让他们走神；课中多指导，不让他们掉队太多；课后多补课，尽量讲懂当天学的东西。两年下来，花了十分多的力气，总算能考个七八十分送上初中了。

后来又接了一个班。有一天早上十点多钟上街买三角板，从店里出来，猛听得一声"俞老师"。循声一看，正是两年前亲密接触的一名学困生，问他："你干什么？什么时间了，还在街上！"

"不是的，是我们老师让我出来遛一下。"他不好意思地说。

我突然有一种说不出的感觉。在初中有中考，是以升学率为目的的，我从前花了很多时间给他补课，有意义吗？我补得了两年，补得了三年、四年吗？

其间写过一篇论文，题目是"情感淡漠与学困成因"。现在想想，学生可能也是十分讨厌补课的。重复地讲题目、做题目，学生也累，老师也累，累了的时候，淡漠是自然的了。

从此，我开始审视我的学困生，我相信补课不是改变学困生的正确选择。

那么，正确的选择是什么呢？

感悟二：学习的改变缘于心的改变

接新班的时候，前任老师向我介绍了两位需要关注的学困生，我打定主意，决不像从前那样不分青红皂白地给他们补课了。可是不补课，又怎么样呢？在迷茫之中我不知道好办法是什么，但我已经知道不好的方法是什么了。补课，应该是帮助学生进步的辅助方法，而不是主要方法。在我没有用好办法之前，我至少可以停止使用坏办法。

两位学生的数学成绩真的不好，中间尝试过几次补课，不过是帮助他们完成当天的作业。这两位学生上课是基本不听讲的，不听讲的原因可能也比较复杂。如果是从前，我发现他们不听讲，会义愤填膺地指责他们、批评他们。可是，现在我意识到大量的批评、指责、补课应该停止了。

我一直关注他们、观察他们，包括在课堂上和课外。有一天数学课，我边讲课边观察着那位低头在抽屉里玩东西的男生，不经意间他突然抬了头。我感觉他的视线与我的视线对接在一起，而且他的眼珠动了一下，我突然有一种感觉：这个学生可能会好了！

奇怪的事情真的发生了，他真的渐渐好起来了。我发现他做很多题目是列不出算式而可以直接报出得数的。于是，我让他参加了当时我任教练的数学奥林匹克竞赛班。

就这样，中间也针对性地补过几次课，但很少。这位学困生的数学成绩已是十分优秀了，当年数学奥林匹克竞赛他还拿了一等奖。

另一名学困生呢？效果还是不行，成绩依然不好。我一直跟她谈话，一直想重复视线对接而心灵相通的机会，可是没有。就这样，她也上初中去了。

我想到《圣经》中曾经有句话是这样的："治一个人的病，先抚摸他的心。"

也许师生之间有时也需要一点心的沟通，就像俗话说的：一把钥匙开一把锁。

如果一位学生的学习状态我不能改变，不能使他进步，那我至少可以不以补课的名义伤害他，让他处于一种状态，等着可以改变他的人出现。

如果说从前我是理直气壮地以爱的名义给学生补课的话，那么，现在我觉得在补课之前要先想想，是到补课的时候了吗？因此，关于学困生，我已不再急躁了，心的改变是需要条件的。这里有一种说不清的"缘"，但这"缘"一定是来自教师持之以恒的关怀与守候。

感悟三：等待也是一种好办法

二年级学生学习有余数的除法：

先学　$2\overline{)8}$　　　　后学　$2\overline{)9}$

可是有一位学生却一直这样写：

$2\overline{)9}$

课上我以她的错例做了讲评，发现其他学生在笑，而她一点也不觉得好笑。

下课后其他学生去大课间活动了，我留下她补课，想想有 20 分钟足够了，特别是现在自以为对学生数学学习的理解比较深的时候。但结果很奇怪，这位小朋友写来写去总是写成：

$2\overline{)9}$

既然补不了，我就不补了，也没骂她笨，随她吧！反正期末考试还要三个月呢。

大约一个月后，我发现类似的题目，她已经写成：

$2\overline{)9}$

我马上找她来问话：

"这段时间是不是请家庭教师了？"

"没有。"

"那这段时间有人给你补过课了？"

"没有。"

我静静地看了她一会儿，我明白了，其中的原因是学生的"成熟"。

学习是基于一种成熟，就像小朋友学跳绳，一个月前怎么也学不会跳绳，一个月后自己就会跳了。其中的原因便是"成熟"。

而教师的等候，则给了学生成熟的时间。

因此，有些学习困难是暂时的，是由学生的暂时不成熟而引起的，等一等，不要急着下结论，可能是个好办法。

我初步想，这种情况可能在低年级比较多，个体机能的成熟度真的是有差别的，如果这种差别引起的学生在低年级被强化为"笨"，就会真的令学生个人表现为"笨"了。

小结

回顾自己二十年来的课堂教学，一直不间断对学困生的思考，在浙江省"5522 工程"小学数学名师班学习期间，我做了一个课题也是关于学习困难的，老师说这是一个充满爱心的课题。

一个数学教师的价值便在于帮助学生克服学习困难。其实一个优等生也会发生学习困难的，在发生学习困难之际，他就是学困生。

面对学困生，我反思了自己的经历，基本上可以概括为这样几个阶段：

① 体力劳动。拼时间花力气，大量补课，逼学生做作业，学生很累，我也很累，但成绩真的有所提高，不会掉队很远，可不管将来怎样。

② 价值追求。学困生的转变要具有可持续发展，补课是为了不补课，是否补课是一种价值判断后的选择。首先在于改变孩子的心，而

心的改变是不能急躁的，要慢慢来。如果我不能改变学生，我至少可以不伤害学生。

③ 方法求索。学生困难的发生一定是有原因的，大多数学生完成小学数学学习应该不会有太大困难，如果孩子学习发生了困难，一定是某个地方的准备出问题了。教师的任务就是通过与学生对话去找寻那个节点，只要节点解决了，学习困难也就解决了。

④ 生命等候。有许多学习困难既不是方法问题，也不是态度问题，而是生命的成熟问题。有了这样的感悟，就会体会到人类的学习困难是如此的精彩有趣。

那么今天，如果对学困生问题开出一剂药方，那只能是四味中药，即体力劳动二分，价值追求三分，方法求索三分，生命等候二分。

学生为何害怕考试

很多学生怕考试，这部分怕考试的学生，往往是课业负担比较重的。

我们都希望学生的课业负担不要过重，可是，减轻负担了又担心基本知识不扎实，影响学生的学业发展，于是提出要"减负增效"。这个"减负增效"就有点儿既让马儿少吃草，又要马儿跑得快的感觉。因此，减轻负担就有些尴尬。接下来，我试着以小学低年级的数学试题（某区期末卷）为例，探讨学生的课业负担问题。

试题呈现及分析

试题一（二年级上）：

判断题。（对的打"√"，错的打"×"）

盒子里有8个黄球2个白球，任意摸一个，可能是白球。（　　）

这个判断题，请问是打"√"还是打"×"？

我想多数人会选择打"√"，但请看完以下试题：

试题二（二年级上）：

连一连。

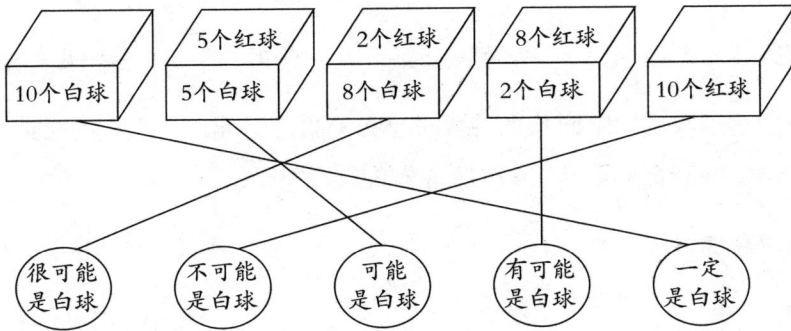

对这个试题估计都会如此连线的，如此连线的结果是前面第二大题的第5小题就应该打"×"了，因为8个黄球2个白球，应该是有可能是白球，少了一个"有"字。

试题三（一年级上）：

解决问题。

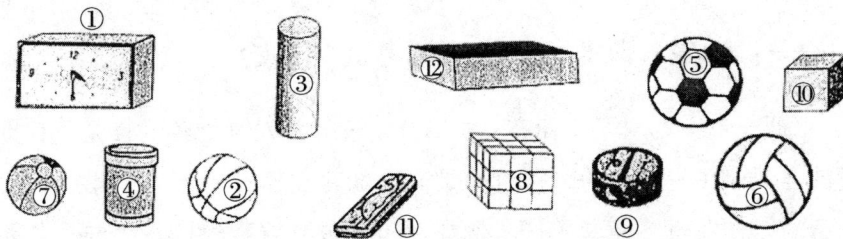

（1）

（　　）个	（　　）个	（　　）个	（　　）个

（2）（　　）最多，（　　）和（　　）同样多。

（3）⬤ 比 🥫 多（　　）个，▭ 比 ⬤ 少（　　）个。

（4）请你再提出一个数学问题，并试着解答。

学生在解答此试题的时候，主要困难是对④号确定为 ⬭ ，而学生认为④号不是 ⬭ 。因为它上面是大一些的， ⬭ 是上下一样大的。而这个数的判断同几个后续问题有关联，因此，对于小朋友而言，对④号的判断会关系到"5 分"左右的得分。

试题四（一年级上）：

分类：把不同类的圈起来。

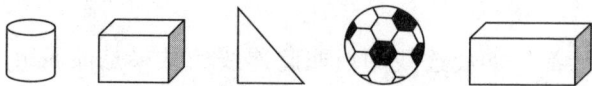

标准答案是将三角形圈起来，因为只有它不是"体"，可是更多的学生是把球圈起来。事实上，这道题目中将任何一个图形圈起来都是对的。比如将 ▱ 圈起来，理由是"它是长方体，其他都不是长方体"，它的分类是以"是不是长方体"为标准的，这也是可以的。

讨论一：学生，课业负担从"怕考试"开始

"课业负担"对学生而言，具有绝对性和相对性。绝对性是指作业量的客观存在是确定的，相对性是同样的客观作业对于不同学生而言具有的"作业量"意义不同。例如对于一位喜欢数学的学生与一位不喜欢数学的学生而言，同样的作业量的意义是不同的。

在教学中，减轻绝对作业量是容易的，减轻相对作业量则是一个很深奥的问题。在减轻相对作业量这个问题上，不要低估小学低年级的考试所具有的重要作用。

在目前的教育环境下，家长十分重视孩子的考试，考得好有"奖励"，考不好要"修理"。每一位小朋友一开始都希望有好分数带给父母的，老师也会要求孩子把成绩（或试卷）带给家长，因此，考试对学生而言，是一件很"心理"的事情，自然就有了关于"心理"的期

待或称之为"焦虑"。

现在我们假设有这样一位学生，在解答例一中的判断题时，他打了个"√"，被老师判失2分。然后他就会很"迷惑"，难道"有可能"不是"可能"吗？凭什么"有可能"就对，"可能"就错呢？

好了，就这一试题而言，学生不是不懂，也不是不会思考，可是却"错了"。"错"的后果是家长的训斥，因为家长的训斥总离不开"老师讲的没记住"，这就带来了"怕"。所以"怕"是怎么来的？就是既不是不懂，也不是不会思考，却做错了。

其他几道试题也都如此。

当一个年幼的学生认为自己是"对"的，却被判为"错"的，他的幼小心灵就失去了对自己的信心。这样的经历被重复若干次后，他就会"害怕"考试了，继而"害怕"这个学科。这种"害怕"的心理慢慢衍生出逃避的行为，继而发展成拒绝。而这个过程，却没有成人去关心。

事实上，当学生开始"怕"的时候，学生的负担就真的重了。

讨论二：教师，为学生的答案留一个空间

空间怎么留？还是以前面例一中有关"可能性"的判断题为例。

学生打"×"，老师可以判得分，因为更确切地说是"有可能"。学生打"√"，老师也可以判得分，因为"有可能"其实真的是"可能"而已，包括"一定"其实也是只有一种"可能"而已。

如果这样，老师们可能会有一个问题：这些都对，岂不乱套了吗？

在我们的理念中，标准答案只有一个，否则就不是"标准"了。

这使我想起一次教研活动，参与活动的老师问了一个问题：最小的一位数是（   ）？

对这个问题大家本来是没有问题的，答案为"1"。后来新教材将"0"确定为自然数，既然"0"是自然数，那么最小的一位数自然应该是"0"。问题是，如果最小的一位数是"0"，那么最小的两位数岂非"00"了？这就是问题。

我当时建议老师们不要将此题作为考题。

但老师们表示不可以，因为试卷不是他们出的，万一答错了，学生可吃亏了。

我又建议老师们批改的时候把两个答案都算对，因为批改肯定是他们批改的嘛。

结果会场乱了套了。有位老师站起来，愤愤地说："如果我们数学老师连正确答案都没有，我们的威信何在？"

我当时想到的是"机械主义"。本文所以选择低年级试题有两个原因：

第一个原因是低年级数学的部分内容的确尚处于模糊的阶段，可以为这种模糊留一个空间。

第二个原因是低年级的学生的确最容易受到伤害，一旦害怕数学，他们的学习就会是人生的一场噩梦，而他们的噩梦，当然就是我们学校教育的噩梦。

学困与学习准备

一、研究的缘起：她需要什么样的帮助?

有一年新接了一个四年级班，有一位学生解这样一道题目：××牌 52 型拖拉机，一天耕地 150 公亩，问 12 天耕地多少公亩?

这位学生的解答是：$52 \times 150 \times 12 = $ （略）。

因为是新接班，对孩子不熟悉，所以就找她问话：

"告诉我，你为什么这么列式?"

"老师，我错了。"

"好的，告诉我，你认为正确的该怎么列式?"

"除。"

"怎么除?"

"大的除以小的。"

"为什么是除呢?"

"老师，我又错了。"

"你说，对的该怎样呢?"

"应该把它们加起来。"

看来，这位学生是在瞎猜，只要老师重复问一句，她就习惯性地说自己错了，接着拿另一种计算方法来搪塞。显然，她没有学会分析，她知道加减乘除肯定有一种是适合这道题目的，这也是在许多数学学习困难的学生中常见的。于是，我又对她说：

"我们换一道题目，比如你每天吃两个大饼，5 天吃几个大饼？"

我想这道题目应该会做的，其结构与前面的题目一样，都是每份数、份数与总数的关系，引导学生迁移一下就可以了。正等着学生的回答，结果与这位学生形成了如下对话。

"老师，我早上不吃大饼的。"

"那你吃什么的？"

"我经常吃粽子。"

"好，那你每天吃两个粽子，5 天吃几个粽子？"

"老师，我一天根本吃不下两个粽子。"

"那你能吃几个粽子？"

"吃半个就可以了。"

"好，那你每天吃半个（小数乘法没学）粽子，5 天吃几个粽子？"

"两个半。"

"怎么算出来的？"

"两天一个，5 天两个半。"

这位学生的问题在哪里呢？我想人学习数学，是从生活经验开始的，并于生活中养成了生活型的思维习惯。而在他们学习数学的时候，需要养成数学的思维习惯，举例说：当学生面对"每天吃两个粽子"这一材料时，有的学生首先会想：这可能吗？而有的学生首先会想：这是每份数。前者是一种极生活的思考，关注材料的合理性；后者是一种数学思考，将材料抽象为一个"量"，从而进行形式化的演绎思考。

这位学生的问题就在于这种数学思考的方式尚未建立起来，需要一个特别的辅导，这种辅导是数学学习中教师所未曾凸显的。这个被我们数学老师忽视的问题成为我们关于开发准备课程的思考切入口。

数学是一门基础学科，从义务教育的课程设计来看，学生要不辞辛劳地学习 12 年的中小学数学。在教学实践中，数学对一部分学生来说可能是趣味盎然的，对于大部分学生来说会以枯燥来表达感受，而对于另一部分学生来说，可能会是痛苦的，痛苦的原因大都缘于学习困难。

在小学里，数学学习困难是学生对学习产生负面心理的原因。小学生对数学学习困难的感受在小学中低年级，可以用以下三句话来概括，即：

① 不明白我怎么就算错了。（计算）

② 搞不清到底该加还是减。（数量关系）

③ 搞不懂该怎样去分析。（问题解决）

面对小学生数学学习的这些最初的困惑，成人世界似乎总忘记自己以前所经历过的相同经历，相对应地会以如下观点回应小学生们，即：

① 孩子太粗心了。（计算）

② 听课不专心。（数量关系）

③ 懒惰。（问题解决）

须知，小学生对学习都是抱着积极心态的，幼儿园的小朋友还特喜欢考试。成人却对小学生的学习困难毫不客气地归结为学生的学习态度，而未能正确地对学生的学习困难给予指导，这使小学生的学习困难更带给他们痛苦。同时，成人们的这种归因极易影响学生本人的归因。当学生本人也认为计算错误是自己粗心时，学生就会听任这一困难的持续，因为谁也没法告诉学生怎样可以变"细心"。这样的结果是：小学生在面对自己的学习困难时，不知道如何以合适的方式去应对，而囿于被动的诸如"粗心"、"笨"等消极评价之中，从而渐渐地害怕数学，认为自己不是读数学的"料"。于是，一门原本生动活泼的课程就起不到原来应有的对学生发展的价值。

学生数学学习产生学习障碍的原因到底是什么？这个问题是让学生享受优质学习、实现数学价值必须解决的问题。在讨论这一问题时，我们基于学生的智能处于一般的正常状态，个别有智力障碍的学生例外。因为，在小学生中许多发生数学学习困难的学生，其智力水平均表现良好，有的学生甚至很有智慧。

引起学习困难的因素是多方面的，但是我们更要注意儿童的学习能力问题——看其数学学习能力在哪些方面存在困难。实际上，儿童在学校中不管学习哪门功课，都存在着一个共同的"教与学"的过程。

要想顺利地完成学习，就必须学者有其"能"，教者有其"法"。因此，学习能力也是与教师的教学有一定的关系的。教者缺"法"与学者缺其"能"，是导致学习失败的两大重要因素。

先说学者缺少能力的问题。我们已经知道，儿童是用自己的"知觉、思维与记忆"能力来进行各种各样学习的，这里面就很有学问。譬如说知觉，为什么有的儿童偏偏要把 39 写成 93？为什么有的儿童总是把十位数与个位数相加，对不齐位，且屡教不改？碰到这种情况，我们就不能不检讨一下儿童的视知觉能力。譬如，"他能很清楚地辨认两个很相近的图形刺激吗？"（视觉分辨）；"他能很好地记住刚刚看到的数字吗？"（视觉记忆）；"他在书写的时候，手、眼能够很好地协调吗？"（视觉、动作配合）。如果我们继续做一些视觉辨认或视觉记忆方面的检测，就很有可能发现问题。也许有的孩子的知觉能力没有问题，可看到一个问题仍觉得无法下手。譬如，儿童清清楚楚地看到除和除以这个数学表述，却不晓得它们有何分别；清清楚楚地知道"已知与未知"，却怎么也看不出它们之间有什么逻辑关系。碰到这些问题，我们就不仅要检讨一下儿童对"数学概念与符号的理解能力"，还必须检讨一下儿童的"抽象概括能力"。儿童由于缺乏这些"能力"造成数学学习障碍是学生方面的内在原因。目前的情况是我们尚未对这些"能力"的培养进行科学的研究。

另一方面，教师的教学如果不适合儿童现有的能力特点，过于高深或浅显，也是造成儿童数学学习困难的一个重要原因。儿童的抽象思维能力的发展是有个体差异的，有些人的空间和数量思维很好，有些人则语言的具体思维不错。教师应当针对不同孩子的特点进行教学。可实际上，很难做到这点。其实，老师和家长在遇到对数学计算和应用题不理解的孩子时，要看到孩子的思维过程是由感觉动作的思维到具体形象的思维，再到抽象的思维。作为数学能力基础的是儿童在实际生活中的具体操作的经验。小时候，儿童经常摆弄一些物体，了解它们的属性；然后当大人用图形形象地代表这些物体时，儿童也能理解；最后才上升到用文字符号或数学符号代表现实生活中的具体物体的阶段。所以有经验的教师总是能循循善诱，根据儿童的特点，逐步把他们从具体的实物导入生动的图形，最后才上升到抽象的符号。譬如讲到垂直关系时，有经验的教师会引导儿童自己发现生活中有许多垂直的例子，它们有各种各样的位置关系，绝非黑板上写的这一种；然后教师会在黑板上绘出各种垂直的情形，这些图形虽千姿百态、角度不一，但那两条相交的直线却总是呈90度角；最后学生终于明白了垂直。教不得"法"，必然会导致儿童学习上的诸多"误会"。

如果以上分析成立，那么，数学优质学习的前提有两个：首先是学生有学习的"能力"。这能力包括三个方面，即有良好的数学感知能力，有起码的知识准备与经验准备，有一定的思维能力。其次是教师教学得法。教师教学得法的关键是找准学生的学习基础，使学生的学习有一个使力的地方。

学习困难的原因分而言之是学生的能力与教师的方法，事实上，这两个方面是同一问题的两面而已，是处于互动之中的一个问题。也即教师在组织学生开展某一学习活动之前，应该有一定的时间用于与学生互动，在互动过程中帮助学生形成良好的知识准备、经验准备以及思维定式的铺垫，从而调整好自己教学方法的选择，达到学者有"能"，教者得"法"，使学生的课堂学习困难降到最低，优质学习最大限度地得到彰显。

基于以上认识，我认为：良好的学习准备是学生获得优质学习、减少学习困难的必要前提。以学习准备为目的的师生互动过程所呈现的课的形式，即为本文所要研究的问题——准备课。

二、研究学习准备的意义

研究学习准备的意义主要体现在以下几个方面。

1. 从学生个体层面看

良好的学习准备可以使学生顺利地完成学习任务，达到优质学习的效果。

教育界有句行话，叫"跳一跳，摘苹果"，这句话倒过来说就是"摘苹果，要跳一跳"。跳，需要一个借力的地方，这个"地方"就是学生的准备状况。"跳"是一种学习能力，"苹果"则是需达到的学习目标。

教学设计：从情境入手开展学习

环节一：创造情境，激发兴趣，提炼问题

情境材料：如何比较数学课本与作业本封面的大小。

问题材料：两个平面图形如何比较大小。

【设计意图：要求学生想出多种比较大小的办法，最后通过方法比较，归结为数方格的办法比较好。】

环节二：探究新知——认识面积和面积单位

① 建立面和面积的概念。

② 在数方格比较大小的过程中，通过数两个方格大小不同的图形，来认识到必须建立同样大小的方格，从而引出面积单位。

③ 看书认识面积单位：平方厘米、平方分米、平方米。

④ 列举、判断形成面积单位的表象。

【设计意图：引导学生经历面积单位建立的过程，让学生在分组讨论中学会逐步抽象的学习方法。】

环节三：练习（略）

2. 从学生班级群体层面看

从学生班级群体的层面看，有利于将学生的学习准备状况调整到大致相近的水平上来。这样，有助于学生在相同的时间里获得相近的学习成果，从而不断缩小学生之间的学习差距。

数学学习从源头上来说，最初的学科学习是建筑于学生的生活经验之上的。由于各个学生的生活环境与生活条件不同，因此，学生在生活中所积累的经验是不同的；又由于学生的悟性各有差别，学生在经验中所悟得的可用于认知迁移的结构性知识也是不同的。

例如对四年级学生学习平均数应用题，我曾于课前作了一个简单的调查。

材料：小明班学生的平均身高 132 厘米，小玲班学生的平均身高

135 厘米，小玲当然比小明高。你认为对吗？

通过问卷调查统计，54 位学生中有 38 位学生明确认为是错的，有 10 位学生认为可能是错的，有 4 位学生认为是对的。分别请两位学生代表陈述理由，整理如下。

甲：小明班学生的平均身高是 132 厘米，并不等于说小明是 132 厘米，他可能有 140 厘米，也可能有 120 厘米。同样，小玲也是如此。因此，说小玲当然比小明高，肯定是不对的。

乙：我本来认为是对的，听了甲的发言，我现在认为他说的有道理。

这一简短过程，至少说明在对某一知识点学习之前，学生们对这一知识的了解的确是不均衡的。通过一些生活化的材料，组织学生开展交流，的确可以让学生们比较容易地消除原来的不均衡，有助于学生们在大致相同的起点上进行新知识的学习。

此外，还有一个重要的内容是，学生相对于学习情绪上的差别也是存在的，且这种存在是不可能被消灭的。但教师一定可以通过适当的形式，以某一学习任务或某一学习时间段为对象，将相对于该对象的准备内容有效地进行调节，将其调整到大致相近、适宜开展学习的状态上来。这显然具有非常重要的意义。

3. 从教师教学层面看

针对学生的学习准备设计课程，主要是拓开了一条促进优质学习的思路，同时也为教师的教学行为吻合于学生的学习水平提供了一套可操作的现实办法。

"回到源头去"是一条找到问题症结的好思路，是教师思考学生学习缺陷的有效视角。在现实教学中，在我们面对学生的学习困难时，我们往往习惯于让学生再重复几次。在学生重复几次后还未明白时，通常归责于学生的智力因素，从而使学生本次的学习困难又成为下次学习困难的原因之一。

如果教师能及时地去思考学生完成某一特定学习任务的学习准备是否充分，教师就能够理性而非感性地认识学生的学习行为，而学生的学习困难也能够得到有效的缓和，有助于其后续学习。

三、小学数学准备课的含义

准备课，顾名思义，是以学习准备为目的的课，即以课的形式进行准备学习，或者说以课的形式对学习准备有效的研究。它是为了学习主体具备知识学习所要求的一些条件，以便提高知识学习的质量。

就广义而言，小学数学的每一节数学课，都是后续学习的准备课；但这里所探讨的是狭义的数学准备课，它通常是指为提高数学显性知识学习质量而进行的，指向于经验、思维要素、学习品质、数学语言等内容的课堂学习。为表述方便，相比较而言，我们把平时所上的以学习显性知识为目的的课暂且称为知识课。

就学生的整个数学学习而言，没有数学准备课，学生的数学学习同样是完整的；但有了数学准备课，学生的数学学习会显得比较有质量。

在通常的课堂学习中，学习组织者一般都会安排复习环节，帮助学生回忆起从前学习过的知识，从而开展本节课的学习。毫无疑问，这是一种学习准备。那么，"准备课"与知识课中的"复习"环节是否就是同一回事呢？显然，两者有相同之处，但其差别也是显而易见的。"数学准备课"将学习准备识为一门学问，进行专门研究，关注学生知识学习中应具有的条件，并为这些条件设计课，给予其学习准备重要的地位。

四、小学数学准备课的基本特征

为了在实践中较好地把握小学数学准备课，以下对小学数学准备课的特征作简单论述。

1. 辅助性

小学数学准备课是为学生有质量地学习小学数学课程而开发设计的众多计划的总和，是教师为使国家课程被学生所接受而进行的创造性工作的一部分。而且小学数学准备课因为多指向于内在经验、内隐图式、习惯、思维品质、思维要素等隐性知识，是显性知识的支撑部分，所取得的效果往往难以像显性知识那样作水平测试。

2. 人本性

我们知道，一门学科课程的开发者多从学科知识的系统性来考虑问题，这些问题可以表现为由简入繁、由浅入深、由易入难等。而数学准备课则强调了人的状况，即从人的可接受性来思考问题。因此，小学数学准备课的开发完全是基于学生的学习能力而进行的，是对人的学习关怀，具有最人性化的表现。

3. 生成性

小学数学准备课是针对具体学生的具体任务而设计的，因此，小学数学准备课具有生成性。正是这一生成性，决定了小学数学准备课的开发主体是教师本人。对某些内容，有的老师把它上成知识课；有的老师把它理解为准备课；有的老师在学生发生学习困难的时候一味指责学生，并简单地强迫学生记住；而有的老师会针对学生的学习困难去寻找原因，设计新的活动内容，帮助学生纾解困难。因此，小学数学准备课具有生成性，需要教师的智慧。

4. 创造性

准备课是以各种形式呈现的，由于教师所设计的每一节准备课（包括以教学片段的形式呈现）都需要教师根据学生在学习进程中的具体情况进行设计，因此，创造性便成为一个基本的要求。

5. 多样性

对准备课的多样性，前面有过零星的描述。准备课有广义与狭义之分，就广义而言，学生在学校学习的每一课时对后续学习而言，均具有准备意义，是准备课的形式之一。就狭义而言，准备课也有多种表现形式，有呈现为复习课的，有呈现为新授课之中复习环节的，有呈现为数学游戏的，有呈现为数学参观活动的，有呈现为针对某一经验而专门设计成课堂学习形态的等，不一而足。数学准备课的多样性使得小学生的数学学习成为一个持续的过程，成为一个与学生生活始终连接在一起的整体。

五、小学数学准备课的类型

小学数学准备课的类型，按照分类标准的不同，呈现出不同的类型。

1. 按学生学习材料分

（1）经验类

这一类准备课主要在于帮助学生积累更多的经验准备，让学生有充分的感性认识，并在此基础上进行经验整理，使之调整到适宜于学习的状态上来。

《义务教育数学课程标准（2011年版）》对小学生的学习方式提出明确要求，强调了"经历、体验、探索"，其中经历与体验都是基于经验的学习方式。对于小学生而言，基于经验的学习是活的，不是死记硬背的，因此，经验十分重要。

就数学学习而言，有助于数学学习的经验包括：

程序的经验：这种经验源自生活中的行动。比如分苹果，呈现一个先后的程序性的聚合与分散的过程，在这一过程中获取的经验成为学生理解加、减、乘、除运算方式的基础。

情境的经验：学生对应用题的理解程度与学生对情境的熟悉水平具有相关性。如果某一问题的情境学生熟悉，学生就能够以一种亲切而有信心的情绪状态进行对问题的思考；反之，学生就会如同进入一个陌生地带，以一种略带紧张的情绪状态进行思考，这样就会影响思考的质量。

关系的经验：能否在数与数、量与量之间建立正确的关系，是影响小学生数学学习质量的一个重要因素，这些建立关系的能力取决于小学生对关系的经验。比如学生的购物经验，能够使他们比较容易地建立起单价与数量的相乘关系。

空间的经验：以从上下、左右、前后、内外开始建立起来的方位经验为基础，学生在空间方面所获得的经验对学生的形体知识的理解，具有十分重要的意义。

其他相关经验：比如度量，比如对声音的感受，等等。

（2）语言类

这一类准备课主要帮助学生体会数学语言与生活语言的差别，学会用数学语言进行思考，并试着用数学语言进行表达。在小学数学中，学生们经历的数学语言方式主要包括：图形符号表示的数学语言（比如各种动物图案、点线面图案等）、数字符号表示的数学语言、字母符号表示的数学语言、关系式表示的数学语言，等等。

（3）数学思想类

数学思考往往建筑于某些特定数学思想的成熟，比如一一对应，比如守恒、互逆等。在这些数学思想发展不成熟的情况下，需设计相应的课帮助学生尽快认识到这些数学思想，并使之成熟。

（4）学习方法类

主要向学生宣讲一些关于学习方法的知识，培养他们的一些习惯，使他们对学习心理形成初步的认识，形成认知能力。

2. 从教师材料的组织来分类

（1）新课程教材提供的再创型准备课

新课程理念下的新教材已经有许多用于学习准备的材料，这些材料需要教师进行合理的再创造，实现其关于学习准备的意义。下面我们以一、二年级的人教版教材为例，来看看它提供的用于学习准备的材料。

册　次	内　容	学习准备的意义
第一册 （一上）	数一数	对应思想
	比一比	对应、数学语言
	认识物体和图形	积累形体经验
	分类	思维方法
	认识钟表	整理时间认读的经验、方法

册　次	内　容	学习准备的意义
第二册 （一下）	位置	对应思想、函数思想
	图形拼组	空间组合、图形割补
	找规律	思维要素的培养
第三册 （二上）	观察物体	换位思考 去自我中心的培养
	数学广角	经历数学问题的抽象过程
第四册 （二下）	平移与旋转	感受运动方式
	剪一剪	对称性的感受
	有多重	估计的经验
	找规律	思维要素

翻阅以上教材，我们感到欣慰，新教材与旧教材相比，有了许多具有准备意义的内容，这些内容是教师着手研究学习准备的好材料。这种材料就小学数学教材来看，以一、三年级为最多，二年级其次，这是符合小学生的数学认知规律的，数学教师应当很好地认识这种规律。下面，我们以"时间"为主题进行新、旧教材之间的比较分析：

浙教版旧教材对关于时间的安排是在三年级上册（第五册），以"时、分、秒的认识"为课题，从认识钟面到时、分、秒的进率安排了两个课时。

在人教版新教材中，关于时间的认识，预先分别安排在一年级上册的《认识钟表》和一年级下册的《认识时间》两个准备性材料。这两个材料均处于生活经验层面，目的是将学生模糊的自觉性经验凸显为公共性经验，为进一步学习时、分、秒作好准备。

可以认为，人教版教材的这种编排意图，对于学生的学习意义是十分重大的。因此，教师应该把这些材料使用好，使其真正实现准备意义。

（2）教师根据学生实际设计原创型准备课

学习是一种共性行为，同时也是个性行为，学习过程中出现的随机问题，需要教师解决。这就要求教师本人进行原创型的课程开发，开发的各种类型可以依据前面论述的不同分类相应进行。

六、小学数学准备课的开发案例

1. 以经验的积累、整理与改造为特征的准备课

学生的经验与纯粹的知识之间是一个十分值得教师去研究的领域，这个领域的研究可以对学习过程中许多令人迷惑的问题作出有益的回答。

数学知识的起始学习应该植根于学生的经验之中，这已是教师们的共识。但是，我们教师却很少去关注学生个体之间在经验获得上的差别，而且个体所获得的经验质量的确也参差不齐。形成经验差别的原因主要有两个方面，即生活经历与学生在经历中的悟性。因为学生的经验有所差别，便形成了数学学习的不同起点，从而必然导致数学学习的不同结果。

因此，在学习纯粹的数学知识之前，分析该数学知识所导向的经验，并通过一定的数学方式，使班级学生能够在经验层面上达到大致相同的可接受水平，这对于数学教学是十分重要的。

案例

教学设计 "半个"和"一半"

教学目标：激活学生生活中关于分数的经验，引导学生由生活中的分数语言向科学的分数语言发展

学具准备：一张圆形纸片

教学过程：

环节一："半个"的研究

问题一：你看到"半个"东西吗？在哪里看到的？

（目的：激活学生关于"半个"的经验。）

问题二："半个"和"小半个"、"大半个"有什么不同？

（目的：提炼经验中关于"半个"、"平均"的体验。）

问题三：你能用例子来证明你得到的一定是半个而不是小半个吗？

（目的：用圆形纸片对折，强化对"平均"的体验。）

环节二："一半"的研究

问题一：你认为"一半"和"半个"是同一回事吗？

（目的：了解学生关于"一半"与"半个"的生活认识。）

问题二：请你举一个例子说拿出了"一半"。

（目的：体会必须说清楚，拿出谁的一半，即单位"1"。）

问题三：请你举一个例子说"一半"和"半个"有什么地方不同？

（目的：体会分率与量的区别。）

问题四：你能说说"一半"和"半个"有什么共同之处吗？

（目的：体会到都是平均分成两份得来的，抽象出平均分的意义。）

环节三：课堂小结（略）

作用分析：经验是介于纯粹的生活与科学的知识之间的一种认识。对分数这一概念而言，可作如下分析。

生活经历		经验		科学知识
典型场景	→	典型描述	→	典型陈述
分西瓜（分月饼）		半个（小半个）		把"1"平均分成两份，取其中的一份是二分之一

从上述分析中，我们可以看出，支撑学生理解分数概念的不是分西瓜或分月饼这一情境本身，而是由这一情境激发而起的经验，但这一事实，却在我们的学习过程中被忽视了，或者说被省略了。这种省略既表现在教材设计上，也表现在教师的课堂教学中。所以，学生在学习这一内容时，往往是从切分的生活情境直接跳跃到纯粹的概念，这个跳跃过程掩盖了学生们经验上的差别，这种经验上的差别必然表现为科学概念上的差别。

需要特别指出的一点，也是我们在数学教育中亟须充分加以认识的一点，就是学生经验的获得是纯个人的，具有很强的随机性。悟性高的学生会比较快地从经历中获得经验，且获得的经验具有一定的抽象水平，有学习性。悟性低的学生在事件的经历中会仅停留于事件本身，没有获得经验，或所获得经验的抽象水平低，不能成为学生个体支持接受科学概念的内在结构。

在数学学习中，成为问题的首先是假设中的这些悟性低的学生，由于悟性（或经历本身）的差别，在新知识的学习中，他们已经处于一个不均衡的起点之中。即悟性高的学生是不自觉地从经验水平到科学概念水平，而悟性欠缺的学生是被迫从事件本身直接接受科学概念的学习，因此，他们理解得会不深刻、不全面，需要死记硬背。

可以认为，如果有这么一个过程，让小学生们在事件的经历中讨论他们所获得的经验，把学生们原本不自觉的、自生自灭的经验获得以一种课堂讨论的方式予以呈现，让所有学生意识到经验获得之间的差别，并同时意识到在一个事件的经历过程中是有学问可以感悟的，继而在此基础上培养学生们的经验获得能力与经验改造能力，使群体中的学生个体的经验处于基本类似的水平上，那么对于学生科学概念的获得具有积极意义。

2. 以数学语言的建立、转换与使用为特征的准备课

语言是思维的工具，数学学习的质量并不与数学语言的建立与使用的熟练水平有密切联系。数学语言的建立与使用需要进行专门的学习与训练。当然，大而言之，学生每一节数学课都是在学习或建立数学语言，语言学习是逐渐丰满完善的，但对于某些语言，特别是帮助学生思考的语言工具如线段图、树形图等，则需要教师用专门的课去帮助。

案 例

教学设计 线段图

教学目标：认识线段图，学会用线段图帮助思考问题

教学过程：

环节一：展现线段图的抽象过程

问题一：生活语言"有 3 只小鸟"，可以用什么符号来表示？

符号表示一　🕊️　🕊️　🕊️

符号表示二　○　○　○

符号表示三　●　●　●

符号表示四　└──┴──┘

（目的：展现符号由具象到抽象的过程，体会线段图表示数量的功能。）

问题二：生活语言"自行车比小汽车多 2 辆"，可以用怎样的符号来表示？

符号表示一　🚲🚲🚲🚲🚲🚲

　　　　　　🚗🚗🚗🚗

符号表示二　○○○○○○

　　　　　　○○○○

符号表示三　└┴┴┴┴┴┘

　　　　　　└┴┴┴┘

问题三：你认为用哪种符号来表示更好？

（目的：线段可以表示更多数量，更简洁、明了。）

环节二：练习，认识线段图

练习一：请用线段图来表示下列生活语言。

1. 鸡和鸭一共 50 只

2. 略

练习二：请用语言陈述下列线段图所表达的意义。

1. 鸡 |_|_|_|_|　　　　　　鸭 |_|_|_|

2. 略

环节三：进一步学习线段图（略）

3. 数学思想的体验、感悟与表达为特征的准备课

一个正常的学童，在小学数学学习中碰到的第一个学习困难往往与"比较"连在一起。可以说，"比较"这一数学思想贯穿了小学生小学数学学习的始终，可以简单地罗列为下列几个典型句式：

第一阶段　　□ 和 □ 一样多。

（一、二年级）□ 比 □ 多（少）几。

第二阶段　　□ 是 □ 的几倍。

（三、四年级）□ 比 □ 的几倍多（少）几。

第三阶段　　□ 是 □ 的几分之几。

（五、六年级）□ 比 □ 多（少）几分之几。

从学生的发展来看，如果一、二年级时没搞清楚的问题，那么后续学习的发展会一直发生错误。针对学生的困难，教师必须思考这样一个问题，即支撑学生理解"比较"的内在结构是什么？我认为是一种被称为"对应"的数学思想。

在小学三年级，有学生在解答应用题"已知 3 小时行 150 千米，照这样计算，那么 4 小时应行多少千米？"时，会出现这样列式：150÷4×3。究其原因，因为对应思想的缺乏或幼稚，对识别信息不能自动地对应处理，导致数学认知的混乱。

因此，在小学起始阶段，数学教师应该去关注或有意培养学生的对应思想、守恒思想、互逆思想，等等。

以人教版教材为例，第一册第一节内容是数数，第二节内容是比较，这两个材料其实就是用来观察学生对应思想的成熟水平的，并根

据学生实际水平，有目的地让学生在做一些关于一一对应的练句与游戏。

案例

教学设计 数一数，比一比

教学目的：培养学生一一对应的数学思想

教学准备：围棋棋子若干

教学过程：

环节一：数数（一个一个数）

（目的：要求学生手指点物并报数，了解学生数数中的对应发展。）

环节二：数数（几个几个数）

（目的：从一个一个对应，到一组一组对应。）

环节三：比较两堆棋子

材料1：●●●●●●

○○○○○

问：白子、黑子谁更多？

材料2：

○○○○○

问：白子、黑子谁更多？

（目的：运用对应进行比较。）

环节四：听故事，说出谁家的人比较多（略）

（目的：将故事中的人对应到某家之下，培养学生对应能力。）

4. 以思维要素的培养、熟练与运用为特征的准备课

新课程提倡探究学习，教师们在运用探究学习法的时候都认为探

究学习很好，可是实践起来很困难，因为探究很费时间，影响教学进度。使得探究这样一种有意义、有价值的学习方式未能很好地为学生的学习服务，这是多么可惜的事情。那么，有没有办法能够使探究学习进行得省时间呢？办法就是通过系统的课程，培养学生的思维要素——如怎样观察、如何分类、抽象联结，等等。一个学生有了良好的思维要素，探究活动就会变得有效率。

比如培养学生的联结能力，可以参考美国的 OM（Odyssey of the Mind）头脑训练方法。

材料：＿＿＿＿把＿＿＿＿和＿＿＿＿联结起来

规则：①评分：一般回答得 2 分，有创意的回答得 5 分；②不得重复。

操作办法：短时间内经常练习。

效果：以五年级两个班为比较对象，A 班从三年级开始就经常开展类似的思维要素的训练，B 班从未开展过类似训练。测试材料为同一份，即"一水池单开进水管 12 小时放满，单开出水管 15 小时放完，如果同时打开进水管与出水管，问几小时可以把水池放满？"

有人说在生活中是不可能出现同时打开进、出水管这样的情境的，你认为这种情况会出现吗？

学生回答的答案整理如下表。

A 班	B 班
会的，比如离场的人与进场的人 比如生长的草和被吃去的草 比如肥胖（进去的能量与被消耗的能量） 比如出生的人和死亡的人 ……	会的，因为有时会忘记关水龙头

从两个班的回答中不难发现，A 班通过思维要素的训练，其联结

与抽象的能力已非常突出，他们可以透过具体的形式进入最为重要的本质，思考的质量就非常突出。B班因为没有进行过类似的思维要素的训练，就一直拘泥于形，以"忘记"来作解释。

从这样事例中也可以充分看出，准备课的准备性，也许在上准备课的时候并不能马上看出这节准备课对于学生的学习有什么帮助，但长远来看，这些准备课将非常深远地影响学生的学习能力与思考质量。

5. 以活动的经历、感悟与积累为特征的准备课

据报道，某年数学高考题有一道题错得比较多，老师们分析原因，阻碍考生理解题意的一大原因是考生们对"轧钢"这一过程不理解。可见，学生的数学学习离不开学生的生活经验。新的数学课程标准十分重视学生自身的经历与经验，在新教材中，有许多关于经历、活动、感悟、经验的材料，比如"认识物体"，比如"平移"，比如"旋转"，通过这些课程的学习，使学生积累了有益于理解数学概念与问题情境的经验。具体如"认识物体"，让学生看一看、摸一摸、滚一滚，这个过程中虽然没有对圆柱体下科学定义，但学生从中感悟的经验对学生在六年级时学习圆柱体，无疑是有十分有益的帮助。

新教材设计了许多引导学生积累经验的材料，如《平移》一课，这里囿于篇幅不再例举呈现。

七、结语

在对小学数学准备课进行研究的过程中，体会到其作用是明显的，主要有两点：第一点是给老师提供了一条新思路，当学生学习发生困难时，回到知识经验的源头去，而不是在末端与学生纠缠不清；第二点是小学数学准备课对学生学习质量的影响是久远而深刻的。

不足之处在于对数学准备课的研究基本上局限于定性研究，尚且不能用数据来说明效果，只能用描述性的语言、案例等。因此，本课题的研究还有待进一步的深入。

让学生亲近数学课堂

数学是一门基础性和工具性十分显著的学科，因此，数学的学习将伴随着每一位学生的整个学习过程。一位在数学学习上遭受挫折达十多年之久的学生，他的学习态度势必受到影响。因此，在研究教育改革的时候，我们首先要审视我们现在的小学数学教学，搞清楚我们小学数学教学的优点、长处在哪里？缺点、弊端在哪里？在此基础上确定应改革的目标是什么？保留什么？发扬什么？使教育改革有的放矢，提高改革效果。

毫无疑问，让学生们亲近数学，从而形成积极的学习态度，进一步形成学习能力，并愿意主动去探究数学问题是我们改革的目标。为此，我们必须搞清楚，我们的学生为什么有多数把数学当成是不可亲近的，甚至是可怕的呢？我想原因就在于我们的课堂教学还存在着严重的弊端。下面谈几点认识，以作讨论。

弊端一：数学学习的体力化特征

在创造中学习，建议成人要像孩子那样思考、爱提问题。这是一种有趣的现象，一个孩子辛辛苦苦学习长大，当他成人之后发现自己的创造力不高，于是被告知要像孩子那样思考，真是有趣之中又带有悲哀。

事实上，孩子们都是爱思考的，思考是一种智力活动，他们对于周边的现象都能从意想不到的角度冷不丁地提一些问题。他们对这个世界有极其浓厚的探究热情，是弥足珍贵的。

数学作为思维体操，可以说先天吻合于学生们的学习特征，然而数学从一开始就以最不适宜于思考的方式显现在学生面前，那就是"记忆"——记忆成为数学学习的最主要手段。比如"1"的认识，是一个经验的概念化过程，十分有趣。但许多教师在上"1"的认识的时候，变成了上识字课，读读、写写，然后默写。如此这般，"1"的认识也就趣味索然。接下来的关于数的组成分解、口算练习等，为了让学生们掌握，老师们的主要方法就是让学生不断地读背，不需思考地读背。因此，学生从一接触数学，潜意识里就形成了关于数学学习的最初认识：这门课是需要背的。

与这种现象并存的是，当有的学生发生学习障碍时，或计算解题不熟练时，他得到的帮助往往是做更多的题目。很少有教师能从学习个性特征的角度去分析其形成学习障碍的真正原因。与"熟读百遍，其义自见"相对应，有了"熟读百遍，其理自明"的错误观念。

学习活动的体力特征表现为大量时间的记忆和重复作业。与智力特征相比较，体力特征是可复制的，可搬迁的；而智力特征是创新的，生本的。两者之间的差别是显而易见的。

学生数学学习体力化特征的根本原因可能是教师缺乏对学生学习的研究，也可能是教师基于个人省力的愿望——反正学生会了就好，何必那么辛苦去折腾呢。因此，以最简单的抄抄写写、读读背背教数学，结果是失去了数学的智慧、魅力。

弊端二：数学教学的程式化特征

有位学生讲到他的数学教师时说："无聊死了，题目都在书上，他讲的每一句话我都可以帮他先说出来。"

事实上，我们的许多教师就是按着已经熟识的教学方法一节课一节课往下上的。日复一日，年复一年，他们自己也许意识不到自己的教学千篇一律，但学生们的心灵是敏感的，他们天生渴望一点新奇，渴望每天有点不同。可是，他们必须面对千课一面的局面。他们已经可能帮助教师说出还没有说出的话，甚至于模仿出说话时的语气，可以想象，他们是感到多么的枯燥。而且无聊枯燥之中，还必须记住老师说的内容，他们还能对数学说喜欢吗？

现在，社会生产力提高很快，学校经济条件普遍有所好转，教师的生活条件也有改善。这些都已为教师改变一下自己的教学过程提供了可能：比如组织一次课间数学实验，制作或播放几个精彩的课件，或者改变一下自己的读写方式等。但这些改变在有其他教师听课时，每一位教师都会。而在没有别的老师听课、只面向学生时，教师便依然故我，学生只能索然无味地面对千课一面的教师。如此，何谈数学兴趣？

弊端三：学习组织与评价的形式化特征

形式是重要的，但形式的根本意义在于内容。在课堂学习中，如果有一位学生十分注意思考，那么，他的体态就会很自然地发生变化——不可能十分端正，也许会把脚搁在凳子上，也许嘴里会发出什么声音，也许会有其他形式的表现。总而言之，他很可能被老师指责为不遵守课堂纪律，遭受批评。而这在课堂学习中是常有的事。

保持整齐、安静固然是开展课堂学习的必要前提，但是，一个学生如果为了做个好学生而时刻警惕自己的一举一动，想来他一定是不能安心于学习的，他能开展思考显然是不可能的。这种形式主义在现在的课堂教学中是客观存在的，而且十分严重。

俗语说："水至清无鱼，水至浊无鱼。"即太清的水是生长不了鱼的，因为没有食物；太混浊的水里也生长不了鱼，因为没有氧气。如果把课堂气氛比作水，学生的思维活动比作鱼，那么，课堂教学太重视安静，不可能有好的思维；课堂教学太嘈杂，也不可能有好的思维。一个适宜于思维的课堂教学是一个有适宜杂音的环境；那是在思维过程中不经意发生的自然而然的声音。形式化的另一个表现内容就是教师的教学评价，不论百分制、等级制，还是其他什么制。其实最主要的是透过这些形式传达给学生的教师的态度；是喜欢、不喜欢之类的情感评价；是看学生时的那一个眼神；是叫学生时的那一种声音语调。

从感受来说，指责别人是比较容易的，而解剖自己则是比较困难的。我们怀着极大的勇气来解剖我们的课堂教学，其目的是为了改善我们的教学。在这里让我们重温一下皮亚杰出生以前发生的一个问题："为什么世界上如此多的教育工作者在努力地工作着，却不能使教育变成科学的、生动的学问？"

那么如何改革数学课堂教学？如何让学生的课堂学习生动起来呢？要让课堂学习生动起来，作为学校应该做什么？作为教师又该做什么呢？下面我们从两个层面来讨论，即从学校层面应该如何创设一个良好的教学环境？从教师层面如何提高课堂教学中学生参与学习的积极性和主动性？

1. 学校层面：如何创设一个良好的教学环境

要改革传统的、落后的课堂教学状况必须有两个前提作保证：一是本校教师有能力去改变课堂教学状况，这就需要提高教师的全面素养；二是学校必须有一个适宜于教师改变课堂教学状况的机制，这个机制就是师生之间平等融洽的心态环境和能够科学有效评价课堂教学状况的制度环境。要实现这个环境，学校必须开展科学而有质量的校本培训。校本培训可以从三个方面入手：第一方面是让全体教师参加的校本培训，整体提高教育素养，培训内容应有师德、教育技能、教育科研、课堂实践等，着力提高教师的全面素质；第二方面是让部分教师（他们应是学校师德、教育科研等的领头人）参加的校本培训，让教师学有专长，成为学校教育骨干、中坚力量，起到示范、榜样的作用；第三方面是让青年教师参加的校本培训，使青年教师尽快成长并脱颖而出，使之成为学校教育的生力军和后续力量。

2. 教师层面：如何让课堂学习生动起来

如何提高课堂教学中学生参与学习的积极性、主动性和生动性？《中国教育改革和发展纲要》中指出："振兴民族的希望在教育，振兴教育的希望在教师。"可见，教师是改变课堂教学状况的关键角色。通过学校行为的师资培训、教师角色的重新定位，以及新的课堂教学评价制度的确定，基本上为教师转变课堂教学状况扫清了障碍，创造了一个带有强制性的环境。在这个环境中，不管愿不愿意，教师都不得不去改变自己的课堂教学状况，让学生远离学习的枯燥、单调，从而享受学习的快乐与生动。其实，我们教师大可不必把改变课堂教学状况看得神秘莫测、高不可攀、力不能及。根据自己的教学实践及全国各地教育媒体的信息报道，我们不难发现，凡是教师、学生共同参与教学，教师教得生动、学生学得主动、师生主体精神得到充分发挥、课堂教学效率较高的课，都有其鲜明的特色，从中我们可以总结先进经验，全体参与教育创新，探索课堂教学的新方法、新路子，让我们的课堂教学尽量生动活泼起来。下面结合我校教师的实践经验谈点体会。

（1）学习准备，重在充分

良好的学习准备是提高学生主动参与，发挥主体作用的重要保证。教师依据不同教学内容，采用各种方法手段唤起学生对学习新知识的注意，启动学习新知识的思维，激起学习新知识的兴趣。学习准备的方法多种多样，因教师而异，归纳起来有以下几种。

① 练习法

有时采用练习方式复习旧知识。学生通过练习，动脑动手，产生学习兴趣，这是老师们一般常用的方法之一。

② 问题法

有时通过提出问题，引起学生的学习兴趣。学生通过对教师问题的思考、讨论，启动思维。如教学 10 的组成时，一上课教师就提出问题——你想知道有关 10 的哪些知识？你想解决哪些问题？如此等等，使学生的内驱力产生，形成迫切想要解决问题的心理需要。学习准备充分，接受知识的最佳时机形成，这时教师及时组织学习，学生必定会积极主动参与。

③ 感官刺激法

有时通过看录像、听录音、看投影和多媒体等手段，利用声音、形象、色彩来调动学生的视觉、听觉等浅层感知，唤起注意，激发兴趣，引导其参与学习。

④ 情景模拟法

有时教师用情景表演、实物操作，引起学生兴趣，激发学习动机。

此法不仅适用于数学教学，更适用于语文、音乐、英语、常识等学科。如音乐课上的边歌边舞进教室、节奏训练等，语文课上的游戏或猜谜语等，生物、常识课上的模拟动物鸣叫等，数学课上的摆学具理思路，英语课上的情景表演等，都能唤起学生兴趣，调动学生思维，作好学习的充分准备。

（2）学法指导，贵在有效

课堂教学中除了调动学生学习的兴趣外，还应十分注重学习方法的指导。在教学的各个环节上，要指导帮助学生总结学习活动的方法、规律，教会学生调节控制自己学习活动的本领。

① 引导学生掌握自己思维活动的规律

在教学中教师要根据教材特点，及时指导学生总结并掌握认知活动中自己思维活动的规律，并引导他们用这样的规律学习并掌握新知识。如浙教版《现代小学数学》中 2～9 的乘法口诀的教学思路是：根据乘法的意义，变求几个相同加数和的运算为乘法运算，然后编出口诀再理解、记忆这样的思维活动的规律。学生在掌握这一思维规律后，学了 2 的乘法口诀，自己就能编出 3 的乘法口诀以及 4、5 等的口诀。这样学生参与学习新知识就热情高涨，因而不仅学习效果好，且有学习的持续发展性。

② 引导总结学习活动规律

教师利用新、旧知识间的联系，利用旧知识引导学生总结学习活动步骤，帮助学生掌握学习知识的规律。如在进行有关应用题解答的教学时，师生共同探讨，然后回头看一看解答的步骤，引导总结解答应用题的一般规律：一读（读题）、二审（审核应用题）、三析（分析数量关系）、四列（列式解答验算）等。再如二步、三步计算题或多位数的加、减、乘、除计算，关键是要细心、正确，可让学生按老师教学的步骤，总结出"一看（看清运算符号或数字）、二算、三验"的学习步骤，长此以往，既掌握了学习的规律，又养成了良好的学习习惯。

③ 利用知识结构固有规律

各类知识尽管千变万化，结构上却有一定的规律。利用知识结构固有的规律，引导学生寻找规律、掌握规律，提高学习能力。数学知识无论是数形（形体）或文字题、应用题都有其自身的结构规律。如"三步计算文字题"总有"问题"、"中间式"、"关键词"三部分组成的结构规律，学生一旦掌握了分析文字题结构的规律后，就能尝试运用规律解题，从而达到提高解题能力的目的。

教师平时若能加强学法指导，让学生掌握学习活动的规律，学生的学习能力就能普遍提高。规律性知识的掌握、学习能力的提高，反过来促进和强化了兴趣的提高，学生主动学习的量和质也都能相应提高。

（3）兴趣激发，贵在持续

兴趣是学生学习积极性得以保持的一个关键因素。如何激发学生的兴趣？如何持续激发学生的学习兴趣？这是一个衡量和体现教师教学水平、业务能力和教学机智的高难问题。兴趣激发一下是不难的，难的是持续激发。在教学中，不仅要在教学起始阶段，采取各种办法激发学生学习新知识的兴趣，更下功夫的是在教学的整个过程中，根据教学内容和学生实际采取对策，应用各种手段，不断给学生以刺激，增强学生由于过程消耗逐渐降低的学习兴趣和积极性。

对策、手段归纳起来就是：持续地给予强化，不断地满足需要。如人教版教材第九册第84至85页的第12至18题练习，是平面几何图形面积间的联系和应用，在教学时可分以下几个层面加强"刺激"：

第一层是构建知识体系的刺激练习。即教师通过基本图形梯形的变化，让学生总结出梯形、三角形、长方形、正方形、平行四边形的计算公式和相互间的联系和变化。

第二层是发现规律、拓展知识体系的刺激练习。如教师出示下图（单位：分米）：

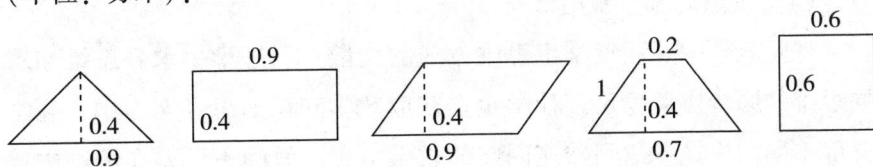

通过口算各图形面积，问：你发现这五个图形之间有什么联系吗？

第三层是联系生活解决实际问题的刺激练习。教师设问：你能用平面图形的面积计算公式解决实际中的哪些问题？学生可按自己的需要提出问题："我想知道数学书封面的面积是多少。""我想知道胸前红领巾的实际面积是多少。""我家搞装修房间总面积100平方米，想铺边长为6分米的地砖，请同学算一算需购买几块这样的地砖。"（在同学算出答案后，还可继续问一问"在现实中可能买几块，为什么？"。）

第四层是想象设计、培养创新思维的刺激练习。创设情境，要求学生按所学平面图形面积的知识，想象设计一个面积约48平方米的校园花坛，标上数据，并说明设计理由。学生四人小组合作，设计出了如下形状的花坛。

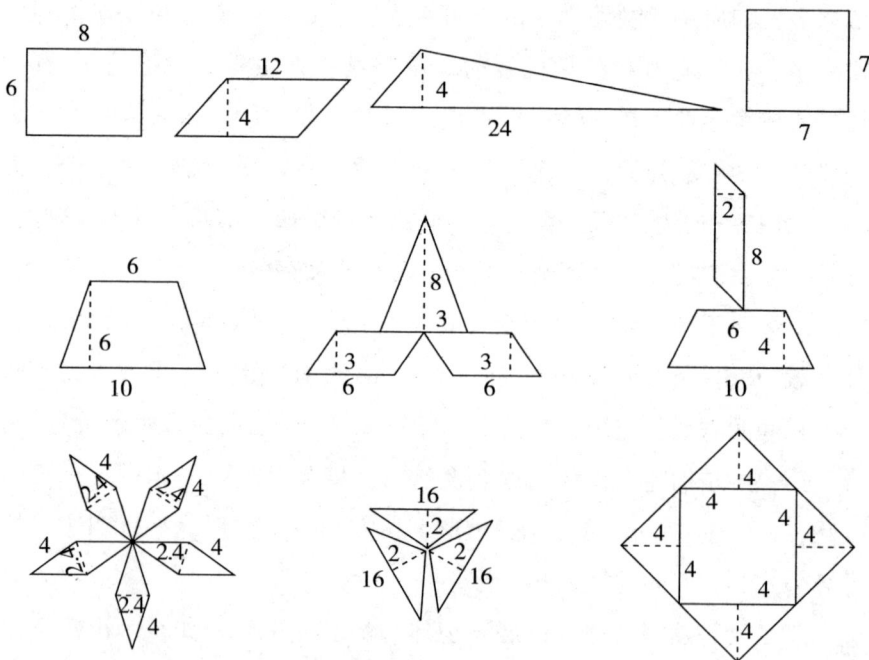

（4）发散思维，常用常新

课堂教学中要注意学生思维方式的发散，促进学生求异思维和求同思维的同步协调发展。让学生在获取数学知识的思考努力中，经常开辟不同的途径，达到殊途同归的教学境界。教师不仅要在解题中要求学生一题多解，就是在新知教学中，也可以引导学生多途径进行新知推导，这样持之以恒就能促进学生整体思维水平的提高。如一年级"20以内进位加法"的教学，教师一般都习惯于用"凑十法"引导思维，并概括为"看大数，拆小数，先凑十，再加几"的算法；但有的教师在教这一内容时，把"凑十法"思路用活了，形成了发散思维，开拓了学生视野，拓宽了解题思路，形成了如下多种"凑十"思路（以8加7为例）：

①把8分成3和5，7加3得10，10再加5得15——拆大凑十；

②把8分成1和7，2个7得14，14再加1得15——拆大同小；

③把7看作8-1，2个8得16，16减1得15——添小同大；

④把8、7分别看作10-2、10-3，2个10得20，20减去3再减去2得15——双十减补；

⑤把8分成3和5，把7分成5和2，2个5得10，10再加2、3得15——二五凑十；

⑥把8分成6和2，把7分成6和1，2个6得12，12再加2、再加1得15——两拆求同。

这样充分求异的教法可以激活学生思维，有利于培养学生思维的灵活性和创造性，并能使课堂活跃生动起来。

二、反思教师成长

❋ 导　语 ❋

教师通常是从模仿上课开始走上教学之路的，慢慢地能独立上课，慢慢地能分清知识点、落实知识点，慢慢地了解学生接受知识的规律，慢慢地知道承载知识学习的是哪些相关的经验与思想，慢慢地知道有些课必须由教师示范帮扶，有些课其实学生可以自己解决。

如果学生是一颗种子，那么，她需要教师给的是温度和雨露。

温度和雨露是教师修养的结果；将温度和雨露赋予学生的能力则是修炼的结果。

修养与修炼的进程，就是教师专业发展的进程。

还是举几个例子。一线教师，有的是体会。

一起努力！

破茧而出：教师专业发展的五个阶段

一般来说，教师的专业发展大致可分为新手、高级新手、胜任、熟练、专家这五个阶段。就具体的教师个人而言，也许能够历经五个阶段、成为专家教师；也许只能停留于某一较初级阶段而结束其教学生涯。个体之间的差别很真实地存在着。

事实上，成为专家教师不仅是每一位教师的愿望，更是社会对每位教师的期望。因此，思考是什么因素阻碍着教师成长为专家教师，是哪些因素束缚着我们的专业发展，在众多因素中关键的又是什么，以及如何让自己破茧而出、走上一条成长之路，是一个十分有意义的问题。

一、发展自己：教师对专业发展的认识

教师如何认识自己的专业发展，影响着教师在自己专业发展进程中的行动方式，从而影响着教师专业发展的水平。因此，能否树立正确的教师专业发展观，是影响教师专业发展的首要问题。

正确的教师专业发展观，主要包括以下几个方面。

首先，明确教师自身专业发展的主体，即谁对教师的专业发展负责。在这一方面，许多教师习惯于把学校作为自己专业发展的主体，等着学校向自己提要求，等着学校给自己提供进修的机会……这样，教师们的专业发展就成了一个被动的等待过程。如果在等待中看到边上的同事发展了，就以是否得到学校培养为全部理由，为自己的发展滞后寻找借口，并对他人的发展不以为然。事实上，如果学校是主体，

这个主体的作用仅仅是提供支持，教师专业发展的真正主体应该是教师自己。也就是说，一个教师的教学生涯是由两个问题组成的，即如何让学生发展得更加适宜，如何让自己的专业获得更好的发展。这两个问题是同一问题的两个方面，如同硬币的两个面。

教师成为自己专业发展的主体，就要求教师本人了解自己的优、缺点，确立发展目标，找出目标与自身现有条件之间的距离，思考缩短这一距离的途径方法，并不折不扣地实施于行动。

其次，正确的专业发展观还要求教师正确认识教师个人素质在专业发展中的作用。教师的专业发展离不开教师的教育教学素质，但如果过分夸大素质的作用，就不利于教师的专业发展。在学校里，我们经常可以发现一些相当有素质的教师，其专业发展却不甚了了；许多素质一般的教师由于个人努力，却获得了较出色的发展。因此在具备一般的教育教学素质之后，其努力的态度是十分重要的。

再次，教师的专业发展是动态贯穿于整个教学生涯的，而非静态的结果。现在有种用某项荣誉或某个成果来标志专业发展的倾向，如有的教师年轻时候获得了教坛新秀的称号，之后的专业发展却不见进展；有的教师把专业发展视为取得某个职称，拿到了就高枕无忧……因此这些教师的专业发展往往是断断续续的，努力一阵子，松懈一阵子，发展一阵子，停滞一阵子，其本质就是把专业发展视为某种物化的结果，这是十分错误的。专业发展带给教师的是精神的满足，至于荣誉、职称则是专业发展带来的副产品。这类副产品都会成为过去时态，而教师的专业发展不会停止。哪怕成为专家教师了，依然可以在专家的层面上继续发展，而且今天的专家教师不一定是明天的专家教师。

最后，关于专业发展的价值取向是专业发展观的又一重要方面。不同的价值取向决定了追求专业发展的不同方法，产生不同的结果。举例来说，一个瓜农种了一片瓜地，他可以"催熟"新种的瓜，也可以慢慢等待瓜的自然"成熟"，"催熟"与"成熟"的瓜表面上看来都是差不多的，不同的是口感，只有自然成熟的瓜吃在嘴里，甜在心里。

现在，整个社会越来越重视教育，因此，地方上都会给专家水平的教师评个称号，在评称号的时候，主管部门往往会设定几个标准，比如在省级以上专业刊物发表两篇文章等。这自然是十分必要的，但一样的规则在不同的价值观的驱使下，就会有不同的表现。理想的表现当然是以学生发展为主，关心学生，研究学生，在取得教学实绩的同时，有了丰硕的科研成果，水到渠成，瓜熟蒂落，自然而然符合了主管部门设定的某类专家标准。这些教师的价值观缘于学生，服务于学生。另一种表现则以主管部门认定某类专家的标准为目标，通过各种办法达到要求，获得某类专家的称号。这两种不同价值观下的不同发展，对于学生的学业发展来说，其差别是巨大的。只有立足于学生，以学生的学习为起点，并回到学生学习的专业发展，才是教师有意义的专业发展。

二、接受学生：教师对教学互动的认识

每一位教师在其师范学习过程中，都要完成心理学、教育学、儿童发展心理学等专业知识的学习。这些知识的学习成为教师日后开展工作的认识基础。在我们思考影响教师专业发展的关键因素时，发现在教师与学生学习之间，关于师生互动的认识与教学成功与否关系十分密切。

通常，我们把师生之间的双边互动描述为下列几个基本环节：

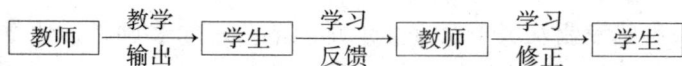

$$\boxed{教师} \xrightarrow{\substack{教学\\输出}} \boxed{学生} \xrightarrow{\substack{学习\\反馈}} \boxed{教师} \xrightarrow{\substack{学习\\修正}} \boxed{学生}$$

不论是新手还是专家，师生之间的互动结构是基本相同的，但互动的质量却相差甚远。高质量的互动，师生间的交流可谓水乳交融；反之，互动的过程如同蹩脚的收音机，充满了吱吱嘎嘎的噪音，有时甚至是师生间的冲突，包括内隐的心理冲突和外显的行为冲突。

在教学互动过程中，引起师生之间冲突的真正原因是什么呢？从表面上来看，师生间的互动冲突常常因为学生"不会"或"不听"而

引起教师的烦躁，学生"不会"或"不听"，教师就感到气愤，从而让不良情绪导致师生互动质量的逐渐恶劣。透过这些表面现象，导致互动质量低下的真正原因，在于教师是否能够接受自己的学生。

接受学生首先是接受学生的学习现状——他会什么？不会什么？有哪些优点？有哪些缺点？因此，接受学生现状的前提是了解学生的现状，并且把这些"现状"视为是合理的。

其次是接受学生的学习可能性。不同学生间潜在的发展可能性是不同的，同一个学生以现有状况作起点，也存在有多种不同的发展可能。接受学生的学习可能性就是把学生在学习过程中新表现出的种种非预见行为视为"应然"。

因此，接受学生，意味着教师必须去了解（研究）学生，意味着必须顺着学生所表现的种种可能性来改变自己原先准备的预案，从而去影响学生。

可以认为，教师能否在互动中了解学生现状，在不断了解的过程中接受学生现状，并努力地以此改变自己，让自己的所有教学活动适宜于学生的现状与可能性，是决定师生互动质量的根本所在。

接受学生，强调的是教师在对学生施加教育影响之前、之中或之后，随时根据学生的情况改变自己，从而使自己的影响吻合于学生的发展现实与潜在的发展可能性。这样，就避免了在教学中一味要求学生适应教师，在学生适应不了的时候步入教学冲突的疾痼。

接受学生，是教师在教学艺术与师德修养方面日臻成熟的结果，同时又是教师的教学艺术与师德修养能否进一步提升的关键性因素。

三、知识背景：教师对自身学习进修的认识

平时，我们在评价教师时，会用上"认真"、"素质好"、"基本功扎实"、"有功力"等词语。"认真"，指的是教业精神；"素质好"可能指外显的语言、体态，也可能指不急不忙的表现力等；"基本功扎实"则较多地指向知识性内容，比如教材分析、教学设计、板书等；"功力"则通常指可感而不可名的，体现于素质、基本功之后的知识背

景；"知识背景"是指教师具有的素质、教学设计产生教育影响力的源泉——知识背景单薄，教师的教育影响力就相对较弱；知识背景越厚，教师的教育影响力就越强。俗话说"腹有诗书气自华"，满腹经纶自能旁征博引。

假设一位语文老师向学生解释"高兴、兴奋、快乐"这三个词，通常的做法可以是查字典、读解释，让学生知道这三个词都表示愉快，是近义词就可以了。但如果这位语文教师在器乐上有造诣，就可能会用某种乐器将高兴、兴奋与快乐用声音加以表达；如果语文教师有美术造诣，他会用寥寥几笔，以形态来表达；如果语文教师擅长舞蹈，也许可以不同的舞姿来帮助学生体会；当然，也可以用小故事等其他形式。言而总之，教师的知识背景给教师的教学带来了生动，不论哪一种方法，都会加深学生查字典得来的字面理解。

因此，形成自己的知识背景是每一位教师提高专业水平所不可或缺的。

教师的知识背景与教师的学历是不完全等同的，学历进修是形成教师知识背景的一部分。可以这么说，目前大多数教师都没有认识到知识背景对提高教育影响力的意义，并且把学历进修作为构建知识背景的全部。

教师不同于学者——学者的知识以深厚见长，教师则以广博为主。教师的知识背景应该是由学科专业知识、教育心理学知识以及其他相关的学科知识组成。因此，教师在知识背景的构建中，应该做到涉猎与钻研并重。

现在，终身学习的理念已深入人心，教师们都要参加计算机、普通话等项目的考试，因此，教师比较倾向于技能学习、学历进修等功能性学习。这些学习的动力是为了职业的获得或稳定，是教师成长所必需的。但如果一位教师只有这种学习，那是不够的，教师的学习更多的应该是享受性学习——基于对内在追求的学习。举例来说，一位教师在学历进修过程中，从教材中知道了杜威这个人的生平，知道了杜威的许多观点，但这些获得是点状的、静态的。这位教师就应该在闲暇的时候，找一些杜威的著作来学习——著作与教材的区别在于：著作不仅告诉我们作者的观点，同时还告诉我们，作者在得出这些观点时候的思考方式。也许引起作者思考的素材正是我们在现实教学中熟视无睹的，这样，作者与教师间就形成对话或共鸣。这是一种活生生的理论学习，这样的学习所形成的知识背景才具有渗透力。

四、得失归因：教师对教学反思的认识

教学反思对于教师专业发展的重要性已越来越被教育工作者所认可，教学反思都是基于一定的教学现实。反思的内容主要有两方面：一方面是关于教学的得与失，另一方面是关于得与失的原因。

毫无疑问，能否找到得失的真正原因，是影响教师专业发展的又一重要因素。试想，如果得失的原因都不能找准，如何提高自己的水平呢？

教师进行有质量的反思，困难也正在第二方面，因为在进行得失归因的过程中，容易犯两个方面的错误。

首先是"偏"，就是失误的主体发生偏差。很多失误表现于学生身上，根源都在老师那里，也有些失误看似原因在外部，是客观的，实则是内在的，是主观上的错误。

从归因习惯来看，一个成熟的专家教师在得失归因的时候，比较倾向于从自身寻找主观原因，也不忽视学生和外在因素。反之，一些习惯把功劳算给自己，把失误的原因归之于学生或客观因素的老师，专业发展都很难得到好的发展。

其次是"浅"，表现在主体不偏的前提下，不能透过具体表象，发现真正原因。一个很通常的事例就是在学生发生计算错误的时候，很多教师都会概之以"粗心"，然后告诉学生要细心点。这种归因会让学生无所适从，不知道如何努力，老师除了告诫也不可能有帮助学生进步的方法。

事实上，学生计算发生错误的原因是多种多样的，有的是数字识读，有的是书写习惯，有的是进位时的瞬时记忆，有的是口诀误读，

有的是计算顺序，等等。教师面对学生的计算错误，单纯地归之于"粗心"，是很浅薄的，教师应该让学生找出"算草"，或者说出计算过程，从而找出他们算错的真正原因，并以此来调整自己的教学。

对教学得失作出正确归因，要求教师有宽阔的胸怀，富于责任感，有钻研精神。

五、结语

许多教师都希望自己的专业有所发展，但效果不佳。在努力一段时间后，渐渐放弃对专业发展的追求。于是工作成为一件依惯性而为的工作，失去了乐趣。改变如此状况的唯一方法，便是思考与践行，将束缚自己发展的原因去掉，才能破茧而出，过一个教育人生。

化蝶而飞:
影响教师专业发展的四大因素

　　专业发展是一条路,是一条处于时间中的路,在这条路上,老师们并不知道有几个上坡、几个弯头,于是在行路过程中常常会心存疑惑,不知自己是否走对,不知前路是否还有。因此,我们应该告诉老师们,专业之路大致有哪几个阶段,每个阶段大致有哪些体验,这十分重要。那么,如何来思考这个问题呢?

　　在教研活动中,通常上课的老师压力会非常大。因为一节课,谁都可以说出许多缺点,而且基本上说的都比较正确。同时,又是谁都可以说出许多优点来,而且也基本正确。这样的结果是,上课的老师在承受压力的同时还承受着一片模糊,即我上的课到底好不好?

　　出现这种情况的原因,在于每一位看课老师或专家都是以自己的专业水平为标准,来衡量上课的老师。因此,如果有十位老师或专家来看课,就有了十个不同的专业要求,由此得出的看法自然是有差别的。因此,比较妥当的评课方法应该以上课人的专业水平作为参照标准,来分析他的课堂教学,并指出他应该如何继续努力,可以尽快进入下一个专业发展水平。

　　如果这个想法成立,那么,我们在看课的时候,首先要对上课人的专业水平作出判断,由此引出问题:小学数学教师的专业发展是否可以明确地分解为几个阶段性水平?如果可以,怎么来明晰呢?

思考一:哪些因素影响小学数学教师的专业发展

　　影响小学数学教师专业发展的因素是很多的,对这一问题的思考应着眼于主要因素，一些相关而非决定性的因素就不作考虑。那么，影响小学数学教师专业发展的主要因素有哪些呢？

我个人认为有四类，即教师基本功、教学设计能力、教学生成能力、教师品德。

教师基本功是一个比较笼统的说法，学校里通常认为它包括：书写能力、语言表达能力、教学技术运用能力、学科本体知识以及教育学和心理学的文体知识的掌握，还有模仿表演能力。

教学设计是从模仿开始的。教师在见习中感受课的形式、在实习中操练课的形式、在工作中不断地观摩，直到有一天能看懂教材，有足够多的模仿经验，教师才有真正意义的教学设计，并在不断的设计实践中，追求理想的教育，从而使自己的教学设计能力得以发展。

教学生成能力，与教学设计能力一样，是在基本功这一因素丛林中衍生出来的，能够支持起教师专业发展的一项支柱性因素。教学生成能力本质上是教师基本功中的教学表达与交流能力，良好的表达与交流能力足以支撑教师教学设计的实施，却不足以形成课堂生成能力，其间的差别是教师在教学中获得的充分的学生认知。打个比方，会游泳的人在特定的水里不一定自由，而知水性的人在特定的水里却能自由，自由就是一定的人水互动的和谐。一位教师从起初的教学表达与交流能力能否发展出教学生成能力，关键在于教师能否与学生融为一体，而知童性。

教学品德，通常称为师德。师德是以人的基本道德为基础的，先为人而后为师。《礼记·学记》中说"择师不可慎"，为师之难可见一斑。关于教师有种分类，是"经师"与"人师"，经师易求，人师难觅。所以，师德是支撑教师专业生活的最后一块基石。

思考二：不同因素在专业发展的不同时期作用不同，从而形成了四个显性阶段

我们在前面分析了影响教师专业发展的四大因素，在专业发展的任何一个断面上，这四大因素是同时存在的。这四大因素如同四根柱

子，也一直在发展着，从而支撑起教师的专业发展，但这四大因素的发展条件是有所不同的。

1. 阶段一：基本功阶段

首先，基本功是一类比较自主的专业因素。比如只要自己勤于练习，书写一定会进步；只要自己多学习，本体知识一定会增长；只要自己多练习，模仿能力一定会改善；等等。所以，一位教师的专业之路如果将在师范学院学习的这段时间也涵括在内，那么从师范学院开始，教师对于专业发展能力的追求大多限于基本功范畴，因此，在教师专业发展的最初阶段，教师的基本功决定了教师专业水平的高低。所以，我们把教师专业发展的第一个显性阶段称为基本功阶段。

在这一阶段，教师的教案通常是参考来的，教师并不知道为什么要这么上；对于学生的对错也是明白的，但为什么这样错，心中也没数。在这一阶段，教师干的是力气活，如果学生不听讲了，想的是怎么控制他们，而想不到其他。

对处于这一阶段的教师谈教学生成是不妥当的，谈谈基本功的发展与教学设计是有益的。

2. 阶段二：教学设计阶段

教师教学设计能力的发展是从模仿开始的。随着模仿中积累的经验慢慢增加，教师能够独立地解读教材，独立地认识到练习的作用，这样，便有了真正意义的教学设计。

教师在基本功阶段，教学对其而言，是一种新鲜的活动，有激情，但因为是体力活，所以也很累。教师生涯的第一次倦怠往往在于新鲜感渐渐失去，而教学乐趣又尚未体会到的时候。

当一位教师的专业发展步入教学设计阶段之后，教学开始有了乐趣，因为他能够知道怎样教会好一些了。这个阶段教师的课堂表现先后有两种：先是课堂内容很快上好了，可是下课时间没到，于是用练习来填充；后是课堂内容很充分，老师讲得很激动，教学环节很多，经常来不及上就下课了，练习只好留到课外做，一节课就这样一路赶下来。

当然，继这两种表现之后，教师在教学设计中开始抠时间——某环节用几分钟，不论学生学习状况如何，只要预设的时间到了，就进入下一环节。所以，在这一专业发展阶段，教师可以做到按时下课，按时完成教学任务；教师知道知识点在哪里，并得以落实，这样的教师已经是优秀教师了。但因为过分重视设计，所以这个阶段的教学样式以灌输为主，对学生而言，是有意义的接受学习。如果有启发性的问题，也经常是教师提出后自己来回答——因为怕耽误时间。

学校中大多数骨干教师的专业能力就在这个水平；教研活动中的磨课，也多在这个层面上。

3. 阶段三：教学生成阶段

在新课程的推进进程中，无论是教师还是专家都希冀课堂中有更多的生成。而教师们也有困惑：我怎样才能有生成呢？既然是生成的那肯定不在预设之中，或者虽在预设之中却有别于预设，那么，我怎么知道学生会生成什么呢？

事实上，教师的这些问题与困惑都无关紧要。因为我们的教师或教育专家在思考教学生成的时候，忽略了一个基本事实，即教学生成是一位教师专业发展到一定水平时才会有的，此时我们称之为教学生成阶段。

教学生成阶段之所以成为第三个教师专业发展的理性阶段，是因为教学生成能力的发展有两个基本前提。

（1）前提一：必须有充分的教学设计能力

教学设计能力归根到底是对材料的解读，以及通过解读将材料按照教育通识建立起"序"的能力。在教师的教学设计能力发展中，关于材料的解读，从现有的文本材料的解读建序，慢慢进步到对学生提供的思考材料的解读建序。只有能够对学生的即时思考材料作出解读并建序，教师的生成能力才有实质的进步。

这个问题我举个例子，这个例子来自《厘米的认识》。

材料：××比××长（　　　）

（课中形成）板书：××比××高一些

××比××高一个头

××比××高10厘米

师：同学们，这三个答案从上往下看（画一个向下的箭头），你有什么说法吗？

生1：越来越大了。

生2：越来越小了。

生3：越来越准了。

面对三个学生的思考，教师怎么解读？简单地肯定生3，否定生1、生2也是个办法。但如果这样做，可能课就很难有所生成了，我在课上是这样处理的：

师：三位同学有三种回答，大家有什么想法吗？

师：他为什么说越来越大了？

生：他是看数学的一、一、10，所以说越来越大了。

师：那么他为什么说越来越小呢？

生：他是看单位的，些→头→厘米，厘米最短。

师：你对他们两个的思考有意见吗？

生：要合起来看。

师：所以谁是正确的？

生：生3。

教师为什么会这样处理？因为他对学生的思考材料能够解读。因为有了解读，所以会进一步挖掘，使学生的思考向下一个层面发展，从而使课堂中有现实的教学生成。

（2）前提二：有充分的学生经验

有句话说"如鱼得水"，即教师只有充分知道了水性，与学生的互动才能水乳交融，生成才能自然而然地汩汩而来。

在我的体会中，关于学生的经验是不可传递的，是无法设计的，也是许多骨干教师困惑的地方。我有时上示范课，老师们说我的课是无法复制的，这是说到点子上了——无法复制的就是关于学生的经验。教师了解学生，如同渔夫摸清水性，其重要性不可言语。

　　教师要摸清童性，方法只有一个，即与学生泡在一起。在我的教学生涯中，大约有 16 年的班主任时间，基本上整天和学生泡在一起——泡一起上课、讲作业、做游戏、聊天等，我知道学生的所有事情，学生知道我的所有事情。一届一届学生，积淀下来的是关于学生的感觉，这种感觉支撑起课堂中的教学生成。

　　还是以《厘米的认识》为例。

　　材料：××比××长（　　　　）

　　学生回答，得出下列内容：

　　××比××长一些

　　××比××长一点

　　××比××长半个头

　　××比××长一只手

　　××比××长 1 厘米/2 米

　　我在一次教研活动中，将材料呈现给老师，问老师面对这份材料该怎么处理。

　　老师们说，请同学们将这些回答分分类好吗？

　　这个问题十分正确，可以分为三类——模糊的→有比较物的→有标准比较物（单位）的，从而把"厘米"作为一个单位的数字意义呈现出来，让学生感受。但是，我在课上是这样问的：同学们，黑板上这些不同的回答，你喜欢哪种？

　　"分类"与"喜欢"，这就是差别了。如果老师问"分类"，学生会用数学语言来思考，生成的空间就很窄了。如果老师问"喜欢"，学生就会用生活语言来表达数学理解，生成的空间就很大了，这就是童性。

　　教师在这个发展阶段，教学是一件有享受的事了，我们通常所说的启发性教学才有了真正的现实意义，苏格拉底的助产术也真正有了教育学的意义。而这个时候的教师，上课很难上完整的课了，他追求的不是课的任务，而是学生的发展。

4. 阶段四：教师品德阶段

我们都知道师德很重要，一个问题是：师德欠佳的教师能上好课吗？回答是能上好课的。再问师德欠佳的教师能上好课吗？回答是不能上好课的。这就是"经师"和"人师"的问题了。就目前我们的教育现状来看，许多师德不佳的名师正受着各种表彰，有许多师德极佳的老师正受着学生的爱戴。当然，更有许多师德优秀的名师引领着我们。

在教师的专业发展进程中，有一种进程是从经师到人师的质变，这种质变是修养而来的。目前，我对这一个阶段尚缺乏体验，仅提出而已。

思考三：教师在专业发展进程中的能动性及教师校本培养的有效性

我们在前面将小学数学教师的专业发展分为四个阶段，前三个阶段是术的层面，而第四个阶段则是道的层面了。因此，前三个阶段可能是可以通过培训来帮助老师缩短专业进程的，而第四个阶段则一定是由教师个人修炼而来的。

对于教师而言，也许有的教师终其一生的教学，都一直处于基本功层面，凭着习惯去教学；而有的教师则完成了从基本功阶段到教学设计阶段的提升，能够思考怎样上更好的问题。这中间就是对教材的解读，以及将材料分解为若干个"序"加以呈现的能力。这种能力是需要培养的，也是可以培养的，如同基本功可以培养一样。而且各个师范院校、教研部门、学校的校本研究，在这方面的培养是卓有成效的。

从第二阶段向第三阶段发展，培养方式发生变化，显得比较困难了。教学生成是一种艺术，不可分解。它只能通过观摩，然后有所悟。因为教学生成能力是基于与学生生活的无缝对接，这一点是无法培训的。苏霍姆林斯基强调全身心地投入教学生活，我个人认为也就是获得支撑教学生成的关于学生的感觉，即对童性的把握。

现在许多骨干教师在比较快地走到第二阶段后，想尽快使自己提升到第三层次，虽尽力向名师学习，但效果不佳。其原因就在此处：童性的把握是只有全身心地浸入才能获得的，此外没有捷径。而这点正是教师们所做不到的。

明白这点，那么，在培养教师的时候，对教师的教学生成能力提出要求时，就应该想一想，对象是否合适了。

有句话说：教育是科学，教育是艺术，教育是事业。我们把它作一匹配：教师专业在第一、二阶段的时候，教育是科学；教师在第三阶段的时候，教育就是艺术了；教师专业发展水平到了第四阶段，教育就是一个教师的事业了。

因此，在校园中我们经常会碰到这样的老师：他们的基本功不见得如何好，他们的教学设计很一般，他们的课堂生成少得很，可他们得到学生的爱戴。学生书读得很好，学生们乐意为老师读书，家长们配合起来不遗余力。这样的老师，他们的专业水平已经达到第四阶段了。他们吸引学生的是他们的人格、师品，他们改善教学的力量来自执着的关怀与爱。因此，关怀与爱，可以让教师的专业发展水平直接跨越到第四阶段，从而享受教学。

当然，我们也可以在学校里发现这样的教师：他们课其实上得很好，荣誉也不少，但学生就是学得不怎样。这样的教师最多达到第三阶段，更多在第二阶段。

我们把小学数学教师专业发展的进程理清了，知道了影响过程的要素，那么，教师的专业发展该如何努力，也就明白了。哲学告诉我们，外因须以内因起作用，没有教师自身的专业追求，教师专业进步是不可能的。如果教师自身有了自主的专业追求，学校提供环境支持，那么，我们就能提高校本培训的有效性了。

教学设计能力发展的三个阶段

正如前文所述，学会教学设计，是教师专业发展进程中的一大内容。教学设计，是教师所具有的一种渐进发展的能力，对这种能力发展的规律作出探讨，有利于我们小学数学教师的自我培养。为此，我结合自己专业发展进程中关于教学设计的反思，认为教学设计能力的发展可以描述为三个显性阶段的递进过程，下面作简要探讨。

一、三个显性阶段的基本特征

1. 阶段一：以教案设计为特征的初级阶段

一位教师初为人师时，有很多教学问题是不甚了了的，对教材无法解读、对学生没有感觉，所谓的教学设计，就是写出一份教案了，这份教案的环节是完整的。

在这个阶段，教案设计主要是模仿——模仿教学参考用书、教案集、杂志，等等。上课就是把教案的过程演示下来，这个演示过程不具有数学的逻辑力量，因此，学生容易走神。所以，教师的课堂组织基本借助于数学以外的手段，比如争红旗、赢星星、抄作业，等等。

在这一阶段，教师上课的时候，经常发现教案上的设计很快就讲完了，可是下课铃还没响，所以一般会多准备一点练习题。如果有时间，就会多做几道，称之为有备无患。

这个时候课堂教学方法基本是灌输法，如果用上启发式，也是不等启发就自个儿讲完了，最后还是呈灌输形态。

如果学生把题目做错了，教师基本上会归因为学生没有好好听课，补课的主要方式是重复讲、重复做，而且教师容易生气：怎么就教不会呢？

这个阶段，因为教学设计的意义就是准备一个有模有样的教案，所以，基本功的好坏对教师个人起着十分重要的作用。

通常每一个数学教师的教学设计能力的发展都会经历这个阶段，即从形式上熟悉教学，慢慢地入其质，再慢慢地入其神。有的教师在这个阶段逗留的时间比较短，也许因为善于反思，也许因为有老师提点。但也有的教师在这个阶段逗留的时间比较长，更以至于有的教师的教学设计能力，终其一生均停留在这一阶段。

2. 阶段二：以文本设计为特征的中级阶段

在初级阶段，教师对教材文本的识别基本属于文本区别，如准备题、例题、练习题，等等。慢慢随着教学经验的积累，教师对教材文本的识别能够达到脉络的梳理，比如准备题的落脚点在于哪个知识点、准备题与例题之间的关联在何处、练习题分别针对哪些知识点、练习题与例题所展现的知识点间存在何种程度的对应，等等。准备题、例题、练习题间的逻辑关系梳理得清晰起来，再进一步透彻起来，平时教研活动中提倡的前连后延，在这阶段成为可能。

因为有了课堂教学经验的支撑，以及参加教研活动所得的观摩心得，这个阶段的教师上课很有想法，经常是下课铃响了，课还没上完呢，作业也来不及做。因此，这个阶段教师的课堂教学有个共同特征：就是赶，赶着要把课上完。这个阶段的教师采用的方法多为灌输法，但这个阶段的灌输法是比较有质量的，他们知道哪些东西必须灌给学生，什么时候灌得快点，什么时候灌得慢点，什么时候弄点花样，调整一下学习的节奏，以便提高灌输的质量。因此，这个阶段由于教师的教学设计充分体现了教材文本项目间的内在关系，注重知识间的前连后延，课就比较有听头了。

文本设计的另一层意义就是教师经常对教材文本不甚满意，所以，会对教材提出一些自己的想法。现在教学实践中有"教材的二度开发"、"教材重组"等，都属于这一阶段的教师所感兴趣的内容。有时候他们会做一些对比实验，这个教材这样组织和那样组织给教学带来什么帮助，以此更进一步提升自己的文本设计能力。

要非常全面地描述这一阶段的教学设计及其课堂表现的特征，恐怕比较琐碎，但是有一点：一位教师在这个阶段，他开始体会到教学自身带来的愉悦。因此，教师在这一阶段，表现得喜欢参加教研活动，喜欢听课，喜欢讨论一些教学问题。

例如以前听的一节课，是《对称图形》，这位教师的教学设计能力应该正好处于这一阶段，且比较典型。我将其设计过程简要整理于下。

环节一：新授

春游课件　看到什么 □□ ⟶ 讨论图片 ⟶ 小组合作 ⟶
　　　　　出示图片 □□ ⟶ 有什么特征 ⟶ 操作实物图片 ⟶

讨论形 ⎰ ①对折，两边完全重合
成变化 ⎱ ②展开：对称轴

环节二：（小组讨论）练习

判断：①是对称图形吗？②能画出对称轴吗？③有几条对称轴？

难点：圆的对称轴理解无限（课件直观演示）

环节三：剪一剪

学生独立剪，剪好后贴在黑板上 ⟶ 讨论：我是怎样剪的 ⟶
择优：对折后再剪

环节四：画一画

画出图形的另一半 ⟶ 讨论 ⟶ 重点：课件直观演示

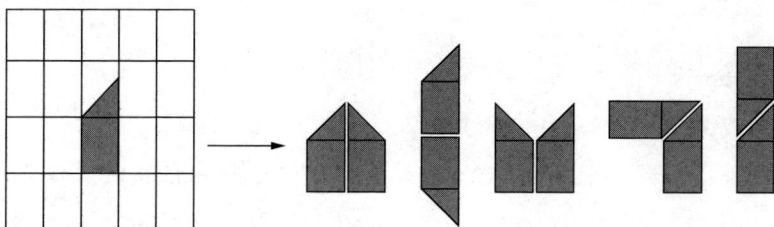

环节五：列举生活中的对称图形，欣赏对称物体（略）

环节六：小结（略）

听完课后，我与执教老师进行了讨论：

这个教学设计很丰满，教师能用的办法都用上了，因此，上课要赶时间。每个环节相对太完整，都有材料阅读、信息讨论、重点突出、形成结论这样一些步骤，每个环节里均安排了讨论，有四个环节借助了课件来帮助理解难点，一个环节（剪一剪）则是以操作的方式进行的。因此，这样的课教师累，学生忙，最后比较肤浅。那么，该怎么办呢？

要减去讨论、减去课件等，事实上，老师虽然也知道课太满，但真要减去，又很舍不得。因为都是自己想出来的，而且想出来的时候花了不少力气，挺得意的。好东西，当然要试一下，这是一件很有趣的事。

3. 阶段三：以学生学习为特征的高级阶段

教师在第一阶段，是将教材奉为圭臬，视为神圣，将教学用书作为宝贝，基本上沿用于课堂。

教师在第二阶段，通过对教材的解读、研究、反思，教材成了一个文本的范本，教学用书真正起了参考的作用。

教师进入第三阶段，教材在教师眼里就是一个知识点的编排系统了，教师按照教材提供了目录系统完成教学任务。他的教学设计，脱去了教材的文本框框，从学生学习的角度来设计。

为了便于说明，下面以《厘米的认识》为例，列举两个教学片段，作简要说明。

片段一：

播放课件

小松鼠要到大熊伯伯开的店里去给奶奶定做一根拐杖，作为生日礼物。

小松鼠：熊伯伯，拐杖要三手掌长。

熊伯伯：好咧，两天后来拿。

两天后，小松鼠拿到了拐杖，可发现根本没法用，小松鼠可伤心了。

师：同学们，你们可知道其中的原因？

生：小松鼠的三手掌和熊伯伯的三手掌是不一样长的。

师：啊，真聪明！所以如果不一样长的话就会给生活带来很大的不便。因此，我们要学习长度单位：厘米。

这个设计，用了一个有趣的故事，制造了一起冲突，让学生体会到生活中需要长度单位，以此渗透"单位"的数学意义及学习长度单位厘米的兴趣。这个故事中有许多人本文素，比如小松鼠为奶奶做拐杖作为生日礼物，强化了拐杖不适用时的沮丧，从中渗透了思想教育，这些从设计的角度来看，是十分优秀的。但是这里有一个潜在的危险，即：熊伯伯既然开了木器店，难道不知道拿根木条留下小松鼠三手掌的长度吗？如果说熊伯伯这么笨，他能开木器店吗？如果学生真的这样问了，就显出我们设计的局限了。

现在我们再来看下面一个片段。

片段二：

师：（邀请两位学生上来）小朋友，请大家观察这两位小朋友，完成以下填空，要跟别人不一样。

张三比李四长（　　　　）

生：张三比李四长一点。

生：张三比李四长一些。

生：张三比李四长半个头。

生：张三比李四长一个拳头。

生：张三比李四长 14 厘米。

生：张三比李四长 5 米。

师：同学们，有的说长一些，有的说半个头、一个拳头，有的说14 厘米、5 米，你认为哪种说法比较好？

生："半个头"肯定比"一些"好，因为"一些"不一定，"半个头"就有点明白了。

生：用厘米更好，因为厘米是肯定的，头有长有短。

师：厘米是什么？你能告诉我们吗？

……

在这个设计中，教师用一份材料呈现了小朋友关于比较的一些说明，这些说法从模糊的"一些"到相对明确的"半个头"再到科学的"厘米"，学生关于"厘米"是在生活中听见过的一种说法，这种曾经听过的说法用于表达这个差别，从而来认识"厘米"。

两个教学片段的目的都是用来揭题，即我们要来学习长度单位"厘米"。片段一的设计是由外而内的（刘运来设计），通过一个故事来揭题；片段二的设计是由内而外的，通过一个说法来引出学生的经验，从而揭题。

用这两个教学片段来进行比较的意图，是想说明第二个片段的设计者的教学设计已经发展到以学生学习为特征的设计阶段了。在这一阶段，教师关注的问题始终是学生是怎么学的，而且教师的素养也已经能够支撑教师思考学生是怎么学的这个问题。因此，这个阶段的教学设计，教师往往会选择一些十分简单却揭示数学本质的材料，而且材料往往比较少，通常第一环节形成的终结材料会成为下一环节的初始材料。因为材料简单了，材料少了，数学思考就会显现出来，数学味就真正体现出来了。

二、设计能力分段描述的基本意义

我们将教师教学设计能力分为三个显性阶段进行描述，有什么意义呢？

我们现在搞教研活动，一位老师上了一节课，其他老师都从自己的角度提出想法，有的称赞有加，有的意见纷纷，上课的老师觉得都是对的，可是到底该听谁的呢？无所适从。

因此，我们在对某一课时进行评价时，我们首先要对他的以教学设计为核心的专业发展水平作出评估，然后根据他所处的水平及这个水平上的特征来评价他。这是比较合理的，是真正能帮助其成长的。

有位师范刚毕业的老师问我如何使自己的课堂多一些"生成"？我跟她讲了小学数学教师教学设计能力发展的三个显性阶段，然后问她有什么想法。她说："哦，真正的生成也许要到第三阶段才会有。"我说是的。那么，在第一阶段该思考什么呢？思考教学基本功和教学常规。教学基本功和教学常规都是教学实践中积累的认为有效的"习惯"，而习惯的养成需要时间、需要实践，因此，在第一阶段，教师的任务就是让这些习惯与自身融为一体，达到习与体成。

当教学基本功与教学常规与自己融为一体后，就不用去思考复习后该什么环节，常规语言怎么表述，等等，并在此过程中积累了相当的经验。这时候，教师开始对教材发生兴趣，从而进入第二阶段。在这个阶段中，教材处理是一个核心问题。在对教材的不断研究中，渐渐地教材里形成的东西慢慢自褪去，留下所谓的知识点，这就为教师进入第三个阶段创造了条件。

在第三个阶段中，教材不再是文本，而是知识点的编排系统，至于给知识点穿上何种形式的外衣呈现给学生，则在于教师对学生学习的理解。在这个阶段，学生真正成了课堂的源泉，教师是组织者、帮助者等说法都可以成为现实了。

另外，教学设计能力同时也是以教师教学方法的运用能力为支撑的。

比如教师在第一阶段，教学方法的运用是比较自由的，但基本上什么方法都用得不好。

在第二阶段，灌输法是用得最好的，有其形，更有其神，有时候用探究法来上课，上着上着就变成了灌输法。

只有在第三阶段，教师运用的启发式、探究式学习等，才真正具有神的意义，苏格拉底的"助产术"也是在这个阶段所能理解的教学方法了。

因此，我个人认为，教学法都是好的，关键看是否适宜，而教学设计本身就是一种方法的展开而已。

如何进行教学引导

学生的数学课堂学习，特别是在自学能力尚处于发展起步阶段的小学生，离不开老师的指导。其思维过程的进展，更离不开老师的正确引导。因此，在数学课堂教学中，如何启发学生，一直是众多一线教师思考的问题，并在教学实践中一直困惑着。

在对一个问题进行思考的时候，从成功的方向去研究固然是最好的，可以得到正确引导、启发学生开展优质学习的一般方法，但是，如果从失败的角度去思考，为什么不能正确引导学生展开积极的优质思维？为什么学生始终是引而不发？以此来寻求正确引导的方法，应该也是一种十分有效的途径。因此，下面选择几个在课堂中教师引而不发的案例，来探讨课堂中不时发生着的、老师自以为不错的、而学生始终难以呈现精彩生成的片段，并以此谋求启发。

案例及思考一：射线有两个点？

一位教师在引导学生认识射线时，有下列一个片段：

师：同学们，射线在生活中有吗？你见到过吗？（教材中介绍了手电筒）

生：有，手电筒。

师：我们来看一看手电筒好吗？（老师拿出手电筒并打亮，然后向上射，照到教室天花板上）

师：（指着手电筒光源）这一头有点吗？

生：（齐）有。

师：那一头有点吗？（教师抬头看到上面有光点，于是转而平射出窗口）

生：有。

师：你看到了吗？真的有吗？

生：肯定有。因为虽然在教室里看不见，但可以肯定电筒的光最终会落到后面房子的墙上，因此那里一定会有一个点。

师：（眼睛有些睁大）好！这位同学很会动脑筋。那如果后面的房子都没有了，还会有点吗？

生：（有的摇头，有的发呆）有。

师：你说在哪里？

生：因为假如我们教室后面的房子都消失了，但后面的山还是不会消失的。因此，电筒的光如果一直延续过去，肯定会落在山上。

师：……

这一个教学片段，教师引得很辛苦，并且一直无法让学生得出射线只有一个点的结论。教师的引导方法有错吗？似乎没错，因为教材也是这么说的。学生的思考错了吗？似乎也没错，既然手电筒光是线，便可无限延长；既然无限延长，必然会遇到一个物体，哪怕向空中射去，在无限延长的前提下，也极有可能落在一个天体上，必然会形成一个光点。那么，问题在哪里呢？

这里需要讨论的是"数学化"与"生活化"的问题：射线是一个数学化的结果，是一个纯抽象的数学概念，它是对某类生活现象的抽象，并且为了描述方便，人为地作了规定。上述这位老师的引导之所以未形成有效的互动生成，越引越糟，原因在于教师引导的时候把电筒说成是射线，并以此来验证，这就颠倒了秩序。因此，教师在将数学概念还原到生活中去的时候，必须向学生渗透数学知识是具有规定性的。这样，学生就不会在"电筒"上"较真"了。

案例及思考二：哪种方法最好？

新课程倡导方法多样化，教学实践中，专家们通常会在算法多样的基础上强调算法的优化。有位教师在上"9 + 6"这一内容时，鼓励学生多样计算，结果学生思维活跃，出现了各种有效算法，整理如下。

$9 + 5 = 14$　$14 + 1 = 15$　（因为前面学过 $9 + 5 = 14$）

$9 + 1 = 10$　$10 + 1 = 11$　$11 + 1 = 12$ …… $14 + 1 = 15$　（计数方法）

$10 + 6 = 16$　$9 + 6 = 15$　（把9看成10，再减1）

$9 + 1 + 5 = 15$　（把6拆成1和5）

$5 + 4 + 6 = 15$　（把9拆成5和4）

有了这些具体的算法之后，教师进入优化算法环节。

师：同学们喜欢哪一种算法？（喜欢各种方法的都有）

师：我们举手统计一下，看看喜欢哪一种方法的同学比较多。（结果显示喜欢第四种的最少）

师：同学们想想，在计算的时候哪一种方法最简单？（因为老师想把学生引导到第四种算法上，所以，将"最喜欢"改成了"最简单"，但学生回答各种方法的都有）

……

教师对这种情况，很是着急。下课之后，他一个劲地问为什么引导不到最简单的方法上来？课堂上已明显感觉自己不是在因势利导，而简直是在强人所难，原因在哪里？

现在我们理性地加以分析，会发现对某一算法是否优劣的比较，成人与儿童的观点是有区别的。成人更多地关注"从今后的发展来看，哪一种方法更具有发展性"，而儿童对于方法优劣的判断是基于其能力和理解水平，即"从我学过的题目来看，哪种方法比较好"。因此，在课堂中关于某一算法的优劣判断，师生之间会产生距离。以前面的四种算法为例：老师之所以认为拆补的方法比较好，是因为这种方法在今后学习的简便运算中是最常用的。而学生不可能知道今后哪种方法用得更多一些，他们只能从目前的情况来看，哪种方法更简单一些。

如果上述分析成立，那么，教师在算法优化过程中，当学生所认为的最优算法并非教师所期望的方法时，教师就不必一定要将学生启发到说出期望方法为止，有时不妨接受学生的意见，然后告诉学生，随着学习经验的不断丰富，今天大家认为的好办法，将来也许会认为比较麻烦。比如第四种方法，现在大家认为不是很适宜的方法，也许将来会觉得很不错。这样，教师就不会为了某个一定要的结果进行一番恼人的引导了。

案例及思考三：公园门前干什么?

下面是一节课第一环节（情境创设）中的一小段师生谈话。

师：同学们喜欢春游吗?

生：喜欢。

师：（课件展示）一（2）班小朋友去春游，来到公园门口——同学们一到公园门口该干什么了?

生：该买票了。

师：讲得真好。还干什么?

生：……

师：同学们，你们该不该排队啊?

原来这位老师要启发学生讲出在公园门口要排队，可学生认为下了车要做的事莫过于买门票了，怎么也讲不出排队这一档事，导致学生努力想琢磨老师的意图是什么。这是一个最莫名其妙的引导过程了，但这种莫名其妙的引导在强调情境的今天的课堂上却并不鲜见，这是我们所要避免的。

一点体会

课堂中存在着许多未能达到理想效果的引导，这是每一个一线教师所不愿的。上述三个案例，只是于平常教学之中信手撷取的，其典型性尚有待讨论，但它们所反映的事实却是真实的。那么，作为教师，应该认识到在课堂中也许会始终存在这些无效的引导。因为有了它们，才有了教师思考的动力；但绝不能因为无效引导的必然存在而对之熟视无睹，而应尽可能地减少无效引导的发生，因为优质的课堂学习是以有效的师生互动为基础的。那么，如何减少课堂中的无效引导呢?

首先，教师必须深入了解学生的学习方式，从学生的角度去思考问题，这样，对于思考过程的预见性就会容易吻合学生的实际水平。同时，在具体的互动过程中，教师要善于接受学生的实际状况，调整自己，要多思考"学生是这样想的，我该怎么办?"，而少想"学生你该怎么办?"。

其次，教师对所教学的知识必须深入了解其内在的逻辑结构，使得提供的材料与所讨论的问题之间有必然性，让学生体会到思考能带来正确结果，而不是去琢磨教师可能需要什么答案。

再者，教师应该从自身专业发展的角度来提高自己对课堂教学中"无效引导"的认识，及时反思，分析诊断，从中找出问题，不断提高教师指导的有效性，让学生享受优质的课堂学习。

以上是粗浅认识，旨在提出一个问题，大家一起来研究教师的引导艺术。

要重视师生互动

课堂教学活动是学生获得发展的最主要的活动。研究表明：课堂教学活动对学生发展所产生的意义大小，与课堂活动中师生互动水平具有很大关系。因此，课堂活动中提高师生互动水平，对提高整个课堂教学活动的质量，使学生成为全面发展的创新型人才具有重要意义。

以下结合教学实践，就小学数学课堂活动中如何提高师生的互动水平作初步探讨。

一、正确理解"师生互动"在小学数学课堂教学中的内涵

没有对"师生互动"的正确理解，就不会有对"师生互动"的正确实践。正确理解"师生互动"在小学数学课堂教学中的内涵，是提高课堂教学中师生互动水平的前提。

理解"师生互动"的内涵，我们有必要对"互动"与"交流"作一比较。

"交流"与"互动"两个相接近的概念，都是使教学活动课得以有效进行的形式，都体现了师生在课堂活动中的相互性，表明师生双方都是课堂活动中不可缺少的主体。离开了任何一方，"互动"与"交流"便无从谈起，教学活动也失去了意义，这是它们的相同之处。"互动"与"交流"除具有相同处外，还有其更明显的区别。

首先，"交流"的双方是处于相对静止状态的两个主体，中间有其明显的距离，"交流"的目的是为了沟通，达成共识。即"交流"的

双方依然是对立状态中的两个主体，而"互动"的双方则为处于运动状态中的两个主体，在运动中不断协调，彼此融合，渐趋整体。"互动"的目的是为了融合，形成共同的力量，更好地达到目的。"互动"的结果是两个主体渐趋统一。

其次，"交流"的方式主要是语言，即使是活动，也经常用语言的形式进行描述。按照交流水平的不同，可以区分为应答性交流（以另一方答"是与不是"为特征）和交互性交流（即师生交流与同学交流共存）。而"互动"的主要方式是活动，即使是概念，也经常用活动的形式让学生体会。按照互动水平的不同，可以区分为时段性互动（即互动仅发生于课堂中的某一时段）和整体性互动（即互动贯穿于课堂教学的始终）。

再次，从学生的感受来说，"交流"给予学生的感受可以表述为：我受到老师的重视、关怀，我接受了老师所表达的知识内容。"互动"给予学生的感受可以描述为：我得到老师的支持、帮助，我达到了学习目标。

在上述比较中不难发现，"师生互动"与"师生交流"具有明显的差别，这种差别对教学效果能够产生不同的影响力。这种影响力在小学数学课堂教学中显得尤为突出。

小学数学所研究的内容是数学学科中最基本的内容，与人们的社会生活密不可分，具有很强的实践性。同时，关于数学的概念理解、运算的意义理解等又是非常抽象的。实践性与抽象性的密不可分，决定了数学学科的课堂教学必须是由实践活动到抽象表达的整个过程的浓缩。抽象，是在不断实践的过程中关于特征的数学化表达。

小学数学又是培养学生思维能力、形成思维品质的主要学科，人们把数学比喻为人脑的体操，培养学生的思维能力是数学学科的主要任务之一。

在教育学中，人们把知识分为陈述性知识与程序性知识。在教学过程中，陈述性知识与程序性知识的不同在于，陈述性知识的传授可以通过学生识记达到目的，而程序性知识则必须是在程序的不断操作中通过体悟、内化，达到掌握的目的。

思维能力则属于程序性知识掌握后所形成的能力，要求在不断的操作活动中形成。

小学数学学科的主体对象是尚处于起步阶段的儿童，他们单方面的注意力难以持久，交流技能尚未形成，但好动、好奇、好表现，对活动的感受能力特别强。要让学生最大限度地体会学习的快乐，学习方式必须符合他们的学习能力。

因此，与"交流"相比，"互动"则正好符合了数学学科特征的要求和小学生的认知特征。可见，提高课堂教学中师生的"互动"水平，对于让学生体会数学魅力，形成学习品质，具有重要意义。

二、提高小学数学课堂教学中"师生互动"水平的基本内容和途径

随着教学改革步伐的加快，现在有许多学校采用小班化教学，并打破传统教学中讲台、课桌的布置方法，而采用无讲台的环行座位或其他更自由的形式，从而为师生之间从双向交流走向双边互动创造了心理环境，也使课堂更适宜于开展活动。但这些改变只是外在形式的改变，师生之间的互动水平并不取决于形式，而取决于内容。因此，师生间的互动水平的提高更应在内容上下工夫。

1. 师生关系同学化

融洽，是互动得以形成的心理基础。"互动"一方面是指向于学习目标的学习操作，另一方面是指向于情感享受的彼此亲近。如果学生觉得老师可畏，如果老师注重于师道尊严，互动便无法形成。因此当学生们被学习活动所激励着的时候，经常会忘乎所以，忘了老师是老师，有时会无所顾忌地指责老师，这种指责我就经常碰到。面对学生的指责时，如果从师道尊严的角度出发，可以说学生不尊敬老师，但如果给学生扣上一个不尊敬师长的帽子，那么，学生便会渐渐地逃避，与老师保持距离，师生之间便只能限于"交流"了。

互动，必须在同一层面上展开，所以，老师应该调整自己的角色

定位，把自己看成是学生的同学。孔子说"教学相长"，即：教，依赖于学而长；学，也依赖于教而长；教师与学生是同时进步着的。既然是同时进步着的，为什么不能称为同学呢？

这里的"同学"包括两个方面的意思。首先是教师个人的心理定位把学生看成是同学，这样就不会居高临下，而人格的平等是尊重的前提，"同学"就意味着师生人格上的平等，教师个人在教学过程中与学生既然是同学，就得互相学习，互相帮助。其次，教师作为同学集体中的一员，不是普通的一员，而是具有相当威信，能够吸引同学参与活动、推动活动不断前进的榜样同学，就像一群羊中的领头羊，而不是拿着鞭子、牵着牧羊犬的牧羊人。

"同学化"的意义在于使教师从学生的对立面走入学生之中，从而使对立的两个"面"融合为同一"体"。这是"互动"的条件和前提。

2. 教学组织活动化

这里的活动是相对于单纯的"听和记"而言的。活动化的意义在于让学生用更多的感官参与学习。

对于学习行为而言，每一位学生的学习行为都烙有个人特征，从感官感受敏捷性的差异上区别，可以分为以听觉为特征的学习，以视觉为特征的学习，以触觉为特征的学习，以及以肢体运动为特征的学习等。如果在课堂上过于重视灌输，则以触觉和肢体运动为特征的学习者便很难参与其中，他们便会神游于课堂之外，久之，困难生便会逃避学习。

教学组织活动化，不能单从形式上看，作为教学组织的活动，首先应该以完成学习目标为前提，即活动的设计要具有明确的指向性。其次必须全体成员参与，活动没有全体成员的参与就如同一出舞台剧，几个人在表演，多数人在看，起不到活动的作用。再次是活动有利于调动多种感官参与学习。

在数学教学实践中，教师们经常会发现有的学习内容比较容易达到活动化，特别是可以剪剪、拼拼的几何课，学生做得很有味，加上电脑演示，效果非常好。而有的学习内容，则很难实现活动化，这是事实，但并非它们不能活动化。下面以"乘法分配律"为例，试谈如何把它的学习过程变得活动化。

在教材中，乘法分配律是这样设计的（《现代小学数学》第七册）。

出示例题：一件上衣 5 元，一条裙子 4 元，买 3 套服装需多少元？

得出解法一：$(5+4) \times 3$ 和解法二：$5 \times 3 + 4 \times 3$。

然后由结果相等得出：$(5+4) \times 3 = 5 \times 3 + 4 \times 3$。

最后归纳乘法分配律。

作为运算定律，是遵从归纳思维模式的，而归纳必须在多个个例中重复体现。在一两个特例中加以归纳，对于学生的思维来说不一定水到渠成，而是有些别扭，对这种别扭学生不会表达，结果是对乘法分配律的理解不充分。事实上在简单运算中，乘法分配律的运用也常常最容易出差错。

作为抽象程度较高的运算定律教学，如何实现活动化呢？在教学中，我设计了如下几份资料，依次呈现给学生：

材料一：比一比，看谁做得对又快。（个人独立完成）

$2 \times (3+5) =$ $25 \times 4 - 5 \times 4 =$

$2 \times 13 - 2 \times 3 =$ $19 \times (1+9) =$

$(25-5) \times 4 =$ $(13-3) \times 2 =$

$19 \times 1 + 19 \times 9 =$ $2 \times 3 + 2 \times 5 =$

……   ……

材料二：请观察材料一，你发现有什么特殊之处吗？如果有，请你对材料作一分类。

材料三：让我们以小组为单位进行讨论，形成最合理的分类方法。（学习小组讨论）

$2 \times (3+5) = 16$	$2 \times 3 + 2 \times 5 = 16$
$(13-3) \times 2 = 20$	$2 \times 13 - 2 \times 3 = 20$
$(25-5) \times 4 = 80$	$25 \times 4 - 5 \times 4 = 80$
$(1+9) \times 19 = 190$	$19 \times 1 + 19 \times 9 = 190$
……	……

材料四：根据材料三，我们能得到什么结论？找个同学作研究。（自由讨论）

材料五：我们的结论真的正确吗？让我们一起来证明。（集体讨论）

这些学习材料的不断呈现与完成，就形成了一个活动的研究过程。为检验活动化的效果，我曾对乘法分配律这一内容在两个班中的错误发生情况作过比较（授课后第五天进行），得到如下情况：

项 目		类 别			
		对照班		实验班	
题目	错误类型	数量（人数）	发生率	数量（人数）	发生率
$(a+b) \times c$	$a \times c + b$ 或 $a + b \times c$	6	12.3%	1	2%
	$a \times b \times c$	3	6.1%	2	4%
	$a \times c \times b \times c$	2	4.1%	0	0%

从上表中可以发现，错误的发生率是有比较大的差异的。可见，活动化对学生学习带来的意义是显而易见的。

在活动化的过程中，教师的任务首先在于精心设计活动材料，使活动材料能比较明显地反映学习内容，决不能隐晦或模棱两可。同时，设计时首先应充分考虑活动材料的生动性，能够让学生操作，在操作中不断递进，激起学生的激情。其次是在学生活动的过程中，教师有时要善于"见风使舵"、"煽风点火",使学生活动起来;有时又要处处"浇水灭火",以免学生过于激动……总的来说,在学生活动的时候,教师是个勤杂工,忙前忙后,跟着学生往前跑。

3. 教学内容生活化

有一位学生对下列题目思考了很久,还是不能解决,便准备放弃。题目是这样的:

用一批纸装订练习本,每本20页,一共可装订300本,如果每本少装订8页,可装订多少本?

这是小学四年级三步计算应用题,难度一般。我了解情况后,便写了这样一道题目给他做:

家里有一箱苹果,每天吃3个,一共可吃10天,如果每天少吃1个,可吃多少天?

他看了之后就把这问题给解决了,一点也不觉得困难。

由此可见,对问题情境的陌生是阻碍学生参与学习的因素之一。而对问题情境在没有亲历的时候会觉得很难理解;亲历了之后,问题情境本身便根本不成为问题。

小学数学是数学学科的开始部分,加之学习的主体是尚处于成长阶段的小学生,有关生产情境的经历很少。让这些未曾经历的生产情境阻碍学生学习的热情是不值得的。

其实,在学生的生活之中,有取之不尽的生活素材可以作为问题情境加以利用,而这种情境本身给学生的学习带来吸引力。

教学内容的生活化就是尽可能地利用学生的生活素材提取相对完整的问题情境,还数学以本来面目,让那些诸如"同时打开进水管和出水管"这种不现实的问题情境离开课堂。

比如学习"相遇问题"应用题:"相遇问题"的情境核心是两个主体"共同"完成一项工作。学习时我们设计了如下学习材料:

材料一:在我们的生活中,什么时候由两个人(动物)合作完成一项工作?

学生举了很多例子,比如共同扫一块地,合扫一条街,合吃一箱苹果，共同走完一段路，合搬桌子，等等。

其中学生们对"共同走一段路"进行了讨论，认为"共同"应该是从不同地方相对走，才能算共同完成。

> 材料二："共同完成"与"单独完成"最大的区别是什么？（小组讨论）

讨论结果是认为最显著特点是"共同完成"比较快。因为每个单位时间里有两个主体的工作速度，形成了"速度和"的概念。

> 材料三：让我们编一道"以共同完成"为前提、求总量的应用题。

> 材料四：让我们把自己编的题目解答出来。

最后，用实物投影仪把大家完成的题目进行投影并交流。一堂课下来，书上的例题、习题都没用，而学生们在不知不觉中掌握了"相遇问题"的基本结构，形成了"速度和"的概念。

教学内容的生活化，同时也要求教师把课堂组织得更有人情味，不要让每个孩子都端端正正地把手摆正，其实动一下也不要紧。学习首先是再现生活，研究生活，服务生活，以后才会研究生产，服务生产。

4. 教育评价描述化

教育评价对学生的学习活动起着导向、促进作用。目前，教育界对学生的学习评价基本上是结论性的。分数也罢，结论也罢，评价也罢，都让学生了解在这个学期内，我就是优或良或及格。评语也是如此，比如"你很聪明"、"你很勤奋"等。仔细想来，这种结论性评价是很不科学的，因为既然是结论，就意味着终结。然而学生，特别是小学生，他们处于发展的起步阶段，怎么能给他们下结论呢？这学期的"优"对他的一生有什么意义呢？

所以，在实践中我觉得对小学生的学习评价应尽可能地采用描述性评语。比如："在研究某某问题时，你提出了某某假设，让我对你刮目相看。""你对某某同学的批评很中肯，值得我学习。"

这种描述性评语让学生觉得老师在时刻关注着他的学习行为，而且实事求是、没有套话。这样学生听了往往很高兴，而且知道自己的哪些行为可以继续发扬。

描述性评语往往描述了学生学习进程中的某个闪光点，这个闪光点往往也是他自己比较得意、希望引起老师注意的。这样的评价经常可以让学生感动，从而把学生对学习分数的关注转移到学习行为上来，从学习行为中体会学习的快乐。

上述"四化"就是实践中对小学数学课堂教学实践和提高师生互动水平的主要内容和基本途径的探讨。

三、提高小学数学课堂教学中"师生互动"水平的作用

数学教学的意义不只在于让学生听懂、理解，更重要的是让学生学会分析和研究。离开了分析、研究，数学就不能成其为数学了。要学生听懂、理解并不困难，而让学生学会分析、研究，则只有在师生的互动中感受分析、研究的过程，体会分析、研究的快乐，才能真正形成初步的分析、研究的学习习惯。因此，在小学数学课堂教学中提高师生的互动水平是非常必要的，其作用体现为四个"有利于"。

1. 有利于充分调动学习积极性，实现以学生为主体的教育理论

"互动"水平提高后，充分体现了师生关系的融洽。学生可以大胆地想，大胆地说，甚至可以与老师展开争论。教学组织活动化又充分调动了学生多种学习感官，使学生能够在活动中探求新知，活跃思维，开阔视野，促进智力的发展、自信心的增强和学习积极性的提高。下面让我们从《面积的意义和面积单位》这一课结尾的教学实录中去感受提高"互动"水平后的作用。

师：我们学习了平方厘米、平方分米、平方米这三个面积单位，不知道同学们是否理解了。下面我们就运用这个知识来解决一个简单的实际问题。（出示下图）

填写不同的面积单位（平方厘米、平方分米、平方米）。

1. 火柴盒上面的面积有 20（　　　）。

2. 老师办公室的地面面积有 20（　　　）。

3. 一张《小学生报》的面积约有 20（　　　）。

生1：火柴盒上面的面积有 20 平方厘米。

生2：老师办公室的地面面积有 20 平方分米。

生3：错了，不会这么小。

师：1 平方分米有多大？（学生比画着 1 平方分米的大小）

师：（拿出 1 平方分米的正方形硬纸片示意）这个正方形的面积有多大？

生：1 平方分米大。

师：难道老师的办公室地面就只有 20 个这样大吗？

生：不是。应该说老师办公室地面的面积是平方米。

师：对了。

生：我知道一张《小学生报》的面积约有 20 平方分米。

师：可能吗？（拿着 1 平方分米硬纸片）

生：可能。

师：谁愿意上来证明一下？（学生上来示意摆法）

师：你们的学习很有方法，不但会判断，而且会证明自己的判断是否正确。学习就应该这样。那么，今天我们学习的平方米、平方分米、平方厘米与以前学过的米、分米、厘米有什么不同呢？

生：米、分米、厘米是表示物体长短的，是长度单位；平方米、平方分米、平方厘米是表示物体面积大小的，是面积单位。

师：（举着 1 平方分米的正方形硬纸片）谁能说一说 1 平方分米与 1 分米在什么地方？

生：（上来比画，指着边长）这是 1 分米的长度，（摸着正方形的面）这是 1 平方分米的面积。

师：这是两种不同的计量单位，今后使用时要特别区分清楚。那么，学到这里，你们还有什么问题吗？

生：面积单位还有吗？

师：你们说呢？

生1：还有。还有平方毫米、平方微米。

生2：我认为还有，因为长度单位还有很多。

师：看！学得多有水平，不但能讲出结果，还能说明原因。面积单位确实还有很多，今天我们学的是三个常用的面积单位。

生：用1平方米的正方形去量大的地面面积不方便。

师：很好，以后我们就要学到更简单的测量和计算方法。

生：老师，面积单位为什么要用"平方"呢？

师：哦！我也一下子很难说清楚，这可能与面积的意义有关。

生：因为物体表面和平面图形大小叫面积，面积是平的又是用正方形去量的，所以要用"平方"。

师：想得多有意思！好，由于时间关系，我们先研究到这里。其实有关面积的知识还很多，回想一下今天我们学到了一些什么知识？

……

看着这样一段师生对话，我深深地为学生质疑问难的精神所感动，更为上课老师敢于在课堂上说"我也一下子很难说清楚"所震撼。这充分体现了老师与学生之间的民主和平等，在这样的氛围中，学生可以按照自己喜欢的方法把自己对问题的理解无所顾忌地表达出来，即使是理解错了、说错了，还是能"愉快地站起来，体面地坐下去"。

2. 有利于教师教学水平的提高，体现教学相长的教育原则

数学学科比较枯燥、抽象，要使学生能够积极主动探求知识，首先教师要千方百计使"枯燥"的数学概念变得生动、活泼。教师要像朋友一样满腔热情地启发引导学生获取知识、增长智慧，这就需要教师精心设计活动的材料。40分钟的教学过程应是一个和谐的整体。如果只是为了表面热闹，那样势必走上形式主义的歧途。所以，设计整体和谐的教学程序，能够促使教师进一步钻研教材、教法，从而提高

教学水平和学术水平。因此，"教学互动"水平的提高体现教学相长的教育原则。

比如我在上《生活中的负数》这一课时，对此就颇有感受。

教学设计一：

（1）从学生原有的认知结构提出问题

问题：大家知道数学与数是分不开的，它是一门研究数的学问。现在一起回忆一下已经学过哪些类型的数。

学生回答后教师指出：在实际生活中，还有许多数量不能用已经学过的数来表示。

（2）师生共同研究形成正、负数概念

举例：某市某一天的最高温度是零上5℃，最低温度是零下5℃。要表示这两个温度，该怎样表示呢？学生讨论后回答，引出负数。

教学设计二：

（1）创设情境，提出问题

学校举行了"我爱金华"知识竞赛，比赛结果见下表。

	第1题	第2题	第3题	第4题	第5题
第一队	对	错	对	对	错
第二队	错	对	—	对	对
第三队	对	对	错	错	—
第四队	对	错	对	错	错

从表中你知道哪个队获胜吗？

（2）问题延伸并讨论

如果答对了得10分，答错了扣10分，没有回答得0分，那么怎么区别得分和失分呢？

学生讨论后全班交流表示的方法。（也许有的用在数的前面加图形表示；有的用红色表示比0低的数，用黑色表示比0高的数……）

学生回答后评议各种方法的利弊，大家会发现用带"－"的记分方法比较适用。

继而让学生算一算每队的得分。在计算过程中，学生可能提出："不够减了。""有的比 0 还小怎么办？"

（3）教师针对以上两个问题引导学生讨论，引出"负数"

（4）教师小结：同学们都非常聪明，自己发明了记数的方法

教学设计一虽说也完成了教学任务，得出了负数，学生也清楚地知道了负数的产生和意义，但在教学过程中学生的积极性不高，教师引导起来很辛苦。针对以上情况我分析了原因，主要在于教学过程太单调，没有从学生的实际出发。

因此，在教学设计二中，我先设计了一个符合学生实际的有关知识小竞赛得分的活动，在活动中学生自己发现区别相反意义的量可用负数，从"不够减了"展开讨论，在讨论中理解负数的意义，知道比 0 小的数用负数表示。而且通过"互动"不但能发现问题，还能促使教师不断改进教学方法，使学生积极主动地参与到学习的全过程中来，真是"一举两得"。

3. 有利于教学效果的优化

"互动"水平的提高，调动了学生学习的积极性，增强了他们的自信心，变"被动学习"为"主动学习"，使对新知的探求成为一种理智上的渴望，不会就想，不懂就问，并敢于争议等。这样通过学生自己动口、动脑、动手所发现的规律及获取的数学结论才是最深刻的，教学效果才是最好的。我曾对应用题测试的效果在两个班中进行过比较，结果表明，在课堂教学中提高师生的"互动"水平，有利于教学效果的提高。

应用题测试的效果前后比较

时　间	班　级	满分率（%）	优秀率（%）	合格率（%）
实验前	对照班	38.42	60.43	88.26
	实验班	38.28	61.32	88.83
实验后	对照班	39.65	61.87	89.43
	实验班	44.44	68.52	93.67

4. 有利于师生创新能力的发展

学生在数学课本上看到的一般是思维的结果，即算理、定义、法则、公式等数学结论。如何通过课堂教学使这些知识"活"起来，让学生看到这些结论是怎样得到的，就需要教师在充分研究学生和教材的基础上进行再创造，在教材与学生中间架起一座桥，来展现知识形成的过程。所以，提高"互动"水平有利于教师教学创新能力的提高。

同时，在教师精心设计的课堂教学的各个环节中，学生在操作的过程中思考、议论，始终处于积极思维的状态，并体验独立获取新知的喜悦，然后以更大的兴趣投入新的学习过程中去，并运用所学知识解决实际问题，再在运用所学知识的过程中形成新的技能，提高思维水平，增长智慧。因此，提高"互动"水平也有利于学生创新能力的提高。

例如《万以内数的读法》教学，当学生概括得出法则后，教师让学生谈谈有什么意见。大多数学生表示没有意见，但有一位学生却对"从左往右读"有意见。下面是一段师生对话。

生：我对"从左往右读"有意见。

师：（非常疑惑）你对"从左往右读"有意见？

生：如果是 0~9 这几个数，不是一下子就读出来了吗？还用得上从哪儿到哪儿吗？

师：你的意思是……

生：这条法则应该改成"除 0~9 以外的数，从高位起，从左往右读"。

师：好，有机会我们就把这个意见反映给编书的叔叔阿姨们。

从以上这段对话中我们可以看出，学生对数的读法有了自己的理解，还能够提出自己的想法；教师也很好地保护了学生的创新思想。这不就是平等的师生互动的做法吗？

为此，我认为，我们做教师的虽不能做到"万事通"、无所不能、无所不会，但如果转变观念，提高师生间的互动水平，我们的课堂会更有生机和活力，学习数学有困难的学生就会越来越少了。

数学教师的教育情怀

教学的专业之路属于时间，这条路的厚度与长度，取决于教师对教育的情怀。一个有教育情怀的教师，他的专业成长是有温度的，既温暖自己，亦温暖同行者。以下是关于小学数学教师教育情怀的对话，谨录其中。

1. 您对"钱学森之问"有什么想法？

想法一：每一个小学数学教师都应该为培养杰出人才而教

其实每一个从事教育的人，都应该思考"钱学森之问"，为什么我们的教育不能培养出杰出人才？这个问题也许有人会认为与小学数学教师联系不紧密，但其实联系非常紧密，因为小学数学学习是整个教育的组成部分。因此，一个小学数学教师应该有比较远大的教育理想，即我们应该为培养杰出的人才来教小学数学。这种教育理想与教育胸怀应该让每一个小学数学教师树立起来。

想法二：小学数学教师能为培养杰出人才做的事就是为学生植入思考的种子

一个杰出的人才不是某一个教师培养的，也不是某一学科培养的，比如他的家庭教育会对他有十分重要的意义，比如语文学科等都会十分深刻地产生影响。每一种教育形式和教育内容均有其独特的不可替代的价值，为学生成长植入思考的种子则是小学数学学科的价值所在。

想法三：思考的种子该如何植入学生的学习成长之中？

这是一个实践层面的想法了，在《义务教育数学课程标准（2011 年版)》中有一个目标用词叫"数学思考"，在目前的小学数学课堂学习中，数学学习更多的是作为一种结论性的知识被理解和识记，这些知识所蕴含的思考却被简化或省略。这个问题的解决在目前而言，真的比较困难，其原因主要有两个方面：

第一方面是动力问题。目前支撑整个教育系统的动力多缘自考试，小学数学教师也是如此，因为考试本身是考查有答案的知识的，而有答案的知识均有可能以记忆解决问题。因此，当小学数学教师以学生考出好分数为全部追求的时候，数学思考就逐渐淡出课堂了。从功利的角度看，小学数学教师的应试主义至少说明这位教师工作是认真的。但如果就只是这样，那么，我们小学数学教师就在从事一项降低杰出人才出现的概率的工作了。

第二方面是能力问题。我们小学数学教师自己的数学思考能力如何呢？数学思考能力不是解题能力，而解题能力属于数学思考能力，数学思考能力是用数学的方式去得出问题的结论，或从一个问题推动至下一个问题。这样说可能比较抽象，我举一个不是很成熟的例子：

有一次参加教研活动，有数学教师提出："最小的一位数是几？"这个问题在从前是很明确的，答案为"1"，现在数学书中将"0"也作为自然数，因此有了这一问。老师们所以关心这问题，是怕考试。既然考试，那一定是有正确答案的，所以老师们对这个问题的答案很在乎。其实，现在数学教材中有了负数，因此，如果学生来回答这个问题时，还有一个答案是负9。数学是一种用于自然解释的语言，在运算过程中答案可以是唯一的，而在解释过程中，其实答案可以是不唯一的。这样讲，不知是否可以解释数学思考能力与解题能力的不同。因此，教师在处理这一问题时，不妨请学生说说他们认为的最小一位数是几及其理由。只要学生相互之间认可，我们教师就可以支持，即便作为一道试题，也无妨。

想法四：每一位小学数学老师都做一位即时行动者

在我们教育界，彼此观望、互相指责的事太多了。比如前些年说的素质教育，结果很是尴尬，许多教育人士都把应试教育的原因归为高考，认为不取消高考，难以改变应试教育。但如果取消高考，全国人民都不会答应。减负增效也是如此。

现在的"钱学森之问"也是如此，大学怪高中，高中怪初中，初中怪小学。前段时间，我发现幼儿园的数学教材真的有问题，最后大家都怪体制，认为我们的体制产生了"钱学森之问"。对不对呢？都对。但如果大家都这样，"钱学森之问"可能会成为永远之问。因此，正确的态度是所有的教育工作者都即时行动，在目前的状况下，以自己的能力哪怕改变一点点，汇集无数个一点点，就会改变状况。

想法五：不以位卑忘忧国，小学数学老师也是国之匹夫

这些年，我们国家国力渐盛，但我们国家的生产力从整体而言，是通过学习、模仿来解决的。看到别人有了什么，我们就研究、钻研，这种强大的学习、模仿能力，是以应试教育中的解题能力为基础的。但随着我们国家渐渐走到世界科技的前沿，能模仿的东西日渐减少，国家对杰出人才的需求就会十分迫切，"钱学森之问"也就是忧国。所以，我们小学数学作为人类思维体操的童年，其意义和作用将是巨大的。

2. 谈谈您对当下小学生学习数学现状的看法，您认为孩子学习数学是难了还是简单了？

这个问题问得简单了一些。个人认为：目前的教材还是基本合理的，符合中国的实情。有人认为过难，哪个国家几年级相当于我们国家几年级的水平，等等。我一直从事小学数学教学，我对问题的思考原点就是小学数学教学。有人说外国的教学很快乐，小学就写论文，我很怀疑，这年头什么都编，个别人编起来糊弄国人也是可能的，或者是拿外国教育的一点来说整个外国教育也未可知。我看过苏霍姆林斯基的书，发现我们存在的问题他也都碰到了，而且有了实践层面的努力。我看过杜威的书，发现他对他面对的教育是如此的不满意，后来杜威作了改革，据说效果也有问题。《教育过程》这本书中有一个观点：可以以适当的方式将任何知识传授给任何年龄的学生。而《礼记·学记》中在论述"教学所由兴"时提出"当其可之谓时，不凌节而施之谓孙"，可见是主张教学须依时依序的。

我讲以上这些话的目的是什么呢？就是想小学数学教师本身是有能动性的，孩子学习数学的难与简单，课程标准与教材是一个方面，数学教师的课堂教学是另一个方面，小学生学习数学的现状其实就是小学数学教师的教学现状。因此，我作为小学数学教师，希望我们少去思考教材的难易，而应多去思考我怎么样可以让学生学得简单，怎么样可以让学生的学习状况得到改善。

3. 新课程标准下，你认为小学数学教师缺失了什么？原因何在？现在很多一线教师会教书但不会研究，您能给教师研究提点指引和建议吗？（如当下教师该研究什么？从哪方面去研究？有哪些疑难问题值得研究？从您目前看到的教师撰写的文章看，您认为他们现在最大的问题是什么？他们要提高他们的科研水平该在哪些地方有所突破？）

曾经听一位教授讲，他给许多教师群体做过讲座，发现我们小学教师听课最认真，中途退场的很少。在小学教师中，我们小学数学教师更不容易，因为学生在数学学习中更容易发生困难。而小学教学管理往往以合格率来衡量教学质量，这使得小学数学教师的教学困难格外重。因此，我们小学数学教师是一个勤奋向学、吃苦耐劳的团队，具有许多优点。

若要思考在新课程条件下，我们小学数学教师缺失什么，我想应该怎么来定义"缺失"。平时在教研活动中，经常会听到缺乏对教材的解读，缺乏对学生的深刻把握等。这些都对，但若要我说一说个人的想法，我认为现在大多数老师缺失的是一种"教育情怀"。我不想对"教育情怀"下定义，我只想说"教育情怀"是一种教育报国的志向，是一种教育为人的慈悲，是一种教育清贫的淡泊，是一种教育化民的乐趣。

"教育情怀"的缺失，原因是多方面的，有教师个人的因素，也有社会的因素。现在整个社会都很需要好老师，却只把能教出好分数的老师视为好老师，而且只把能"快速"教出好分数的老师视为好老师。现在的人们已经功利到不能等待了，所以幼儿园的孩子就比谁认字多，能让学生认字多的就是好老师。这样的结果是，老师只能无奈地做一个被社会大多数不懂教育的人所定义的好老师了。

现在全社会在呼唤"教育家"，原因很多，但缺乏大量的拥有"教育情怀"的教师群体做基座，可能是其中一个值得重视的因素。

当一个老师拥有"教育情怀"时，他就不会自己不读书却理直气壮地指责学生不读书，而会以自己的不读书为耻。当一个老师拥有"教育情怀"时，他面对学生的学习困难时，就不会一味指责学生的笨，而会去思考如何寻找适当的方式。当一个老师拥有"教育情怀"时，他对教育这项工作就会变得充满热情，他的课堂就会充满智慧。

小学数学教师也是如此。有专家说小学数学教师的数学本体性知识欠缺，我想这也不是本质的，一个老师若心改变了，本体性知识问题是可以马上解决的。

至于当下教师应该研究什么，从哪些方面去研究等，我个人认为都不需要指导。小学数学教师处于教学一线，他研究的始终是教学中碰到的实际问题，因此，应该说，教师碰到什么问题就研究什么问题——有的问题可能通过查阅资料就解决了，有的问题可能会伴随教学生涯的全部时间，需要一直研究，因为教育太具有个性了。

教师真正的有价值的研究一定是在经历了许多价值不大或缺乏价值的研究之后的。同样地，教师对真问题的研究一定是在经历了对许多假问题的研究之后。没有对假问题的研究，教育研究就会缺乏"功底"。因此，我建议教师们一开始以一种情怀为支撑的热情，做一些"自以为是"的研究——如果将教师的专业成长视为一个人生，那么，这段"自以为是"的研究就是童言无忌的童年了，而人的成长是不能离开童年的。

现在教师培训，经常会培训一些研究方法，这是对的，但教师在起步的时候，如果太重视这些方法，可能会感觉研究比较困难。所以，一位教师若只去研究专家认为值得研究的问题，可能会把自己的研究之路走偏。

4. 对现在"奥数热"，请您说说对这个现象的看法。对于奥数与常规教学内容之间的关系，您觉得应该如何处理？

数学奥林匹克肯定是好的，但被赋予了筛选功能后，就不是原来的东西了，被异化了。

同样的东西，被赋予不同的目的后，其意义是不同的。

数学教师在奥数和常规数学之间的取舍，我觉得关键在于教师处于什么目的看这个问题。只要目的是为学生的学习生活服务，怎么处理都是对的；反之，就会有问题。

5. 在您的"减负、增效、提质"探索道路上，您感悟最深的是什么？

这个问题真是个问题。就整个教育而言，目前，学生的课务十分的重，大家都有这个共识；相应地，老师的负担也十分沉重。因为要面对考试，因此，考试成为课业负担沉重的祸首。但事实上，在这样需要面对考试的大环境下，在教师群体中，还是不乏这样的老师：他们学生的学习热情高，课业量不会畸重；或者课业量虽然多，但学生乐意做；等等，成就一个一个传奇。

因此，我个人认为，减负增效完全是可以做到的，做到的根本途径是改变教师的"心"——有心了就会用心，用心了就会温心，温心了就会开心，开心了就会聪明，学习就会有动力，师生一起有享受，不会互相折磨，学习自然是有意义的。

因此，我最深的感悟就是：我们小学数学老师，不要去抱怨学生，不要去抱怨考试。多研究学生，多研究自己，寻找具有个人特征的，适合自己和自己的学生的教学途径，问题就离解决不远了。

6. 最后，请您提点对青年数学教师的期望和建议。

我十分乐意为青年教师提点建议。建议其实很多，主要从两个方面来提出。

第一，在数学教学专业方面。

每一位青年教师都要认识到，教师的专业发展是时间占有的结果。时间有量和序两个属性，从量上来看，教师，特别是青年教师，要有足够的时间持续地用于专业思考。这点，其实很不容易，我们的许多老师，用于专业上的时间是有欠缺的。从序上来看，教师的专业发展是有一个过程的，青年教师在教学初期，需要花力气去培养一个优秀教师所应有的教学习惯，这个真的十分重要；接着在积累了一定的经验后，去钻研教材，尝试用不同的方式呈现教材，积累属于自己的关于教材组织的经验；在教材解读比较熟练后，重点转移到对学生的研究上来，体会不同的学生对同样材料的不同感知。如此螺旋前进，数学课堂教学在"术"的层面上，就会不断获得进步。因此，我认为，青年教师如果要在这方面做得比较好，是比较适合拜一个自己喜欢的老师做师傅的。这个自己喜欢的老师不一定是名师，只要他在学生中有口碑，在老师中受欢迎即可。而且第一个师傅最好就在身边，因为在青年教师的成长过程中，不可能只有一个师傅的，还会有多个师傅。

青年教师拜了师傅后，专业学习就会有人监督，这点十分重要，因为青年时候总是贪玩的。再则，教学习惯就有人提点，一些困惑就会有一个亦师亦友的师傅提醒和与其讨论，自己的专业发展进程就会得到促进。

讲到拜师傅，我觉得我们的年轻数学老师，一定要学会做徒弟。要知道，每一个老师在学校里的工作量都不轻，人家没有义务做你的师傅。所以，不要把师傅为你付出当成是理所当然的。因此，青年教师在拜到自己喜欢的人做师傅后，就要有徒弟的样子——要恭谨，有礼貌，有时间帮师傅干点力气活，等等。这样，师傅就会用心教导，所得自然就多。

第二，在教师的个人修养方面。

现在许多青年教师听见"师德教育"，耳朵就生厌。这是很糟糕的。这种糟糕的原因可能首先是我们师范教育以及教育行政部门对"师德教育"的形式化造成的。我们发现，凡是师德好的人，生活都很不幸。这样的例子多了，老师们会认为师德好就是牺牲自己，这是相当不好的。

现在，教师教学质量不佳，教师教学生活质量不高，教师与学生关系紧张，教师教学倦怠严重，究其原因，我认为都是师德不修所带来的。换言之，教师师德的精进，可以提高其自身的教学水平，改善教学生活质量。因此，师德精进是利己的——不仅利己也利人。

《道德经》中有一句话是这样的：为学日益，为道日损。

师德精进就是一个不断减少自己欲望的过程。

青年教师一定要相信师德对自己的裨益，这样，才会真心地去做一些平时不大乐意的烦事。教育本质上是"行善"的，没有好的师德支撑，教育会进行得十分困难。

以上是我的两点建议。一位青年教师如果一直不断地从这两个方面去努力，我相信有一天，这位教师不经意间会发现自己的教学已深受学生喜爱，虽然不会富有，人生却悠然自得了。